I0030690

FACULTÉ DE DROIT DE L'UNIVERSITÉ DE BORDEAUX

DE LA

LIQUIDATION DE LA COMMUNAUTÉ

APRÈS L'ACCEPTATION

THÈSE POUR LE DOCTORAT

Soutenue devant la Faculté de Droit de Bordeaux, le 30 Juin 1900, à 2 h. 1/2 du soir

PAR

Henri LE THIEUR

AVOCAT A LA COUR D'APPEL

BORDEAUX

IMPRIMERIE Y. CADORET

17, RUE POQUELIN-MOLIÈRE, 17

(ANCIENNE RUE MONTMÉJAN)

1900

FACULTÉ DE DROIT DE L'UNIVERSITÉ DE BORDEAUX

DE LA

LIQUIDATION DE LA COMMUNAUTÉ

APRÈS L'ACCEPTATION

THÈSE POUR LE DOCTORAT

Soutenue devant la Faculté de Droit de Bordeaux, le 30 Juin 1900, à 2 h. 1/2 du soir

PAR

Henri LE THIEUR

AVOCAT A LA COUR D'APPEL

BORDEAUX

IMPRIMERIE Y. CADORET

17, RUE POQUELIN-MOLIÈRE, 17

(ANCIENNE RUE MONTMÉJAN)

1900

FACULTÉ DE DROIT DE L'UNIVERSITÉ DE BORDEAUX

MM. BAUDRY-LACANTINERIE, ✳, ✪ I., doyen, professeur de *Droit civil.*

SAIGNAT, ✳, ✪ I., assesseur du doyen, professeur de *Droit civil.*

BARCKHAUSEN, O. ✳, ✪ I., professeur de *Droit adminis-tratif.*

DE LOYNES, ✪ I., professeur de *Droit civil.*

VIGNEAUX, ✪ I., professeur d'*Histoire du droit.*

LE COQ, ✳, ✪ I., professeur de *Procédure civile.*

LEVILLAIN, ✪ I., professeur de *Droit commercial.*

MARANDOUT, ✪ I., professeur de *Droit criminel.*

DESPAGNET, ✪ I., professeur de *Droit international public.*

MONNIER, ✪ I., professeur de *Droit romain.*

DUGUIT, ✪ I., professeur de *Droit constitutionnel et admi-nistratif.*

DE BOECK, ✪ I., professeur de *Droit romain.*

DIDIER, ✪ I., professeur de *Droit maritime* et de *Législation industrielle.*

CHÉNEAUX, professeur adjoint, chargé des cours de *Droit civil comparé* et de *Droit civil approfondi* (Doctorat).

SAUVAIRE-JOURDAN, agrégé, chargé des cours de *Législa-tion et Économie coloniales* et d'*Économie politique* (Doc-torat).

BENZACAR, agrégé, chargé du cours d'*Économie politique* (Licence).

MM. SIGUIER, ✪ A., *secrétaire.*

PLATON, ✪ I., ancien élève de l'Ecole des Hautes Études, *sous-bibliothécaire.*

CAZADE, *commis au secrétariat.*

COMMISSION DE LA THESE

MM. DE LOYNES, professeur, *président.*

LEVILLAIN, professeur,

CHÉNEAUX, professeur adjoint.   } *suffragants*

DE

LA LIQUIDATION DE LA COMMUNAUTÉ

APRÈS L'ACCEPTATION

INTRODUCTION

La communauté, que Pothier [1] définit « Une espèce de
société de biens qu'un homme et une femme contractent
lorsqu'ils se marient », diffère des sociétés ordinaires, notamment en un point essentiel. Tandis que dans une société
ordinaire, chacun des associés est investi en principe d'un
droit égal dans l'administration, dans la société conjugale,
au contraire, le droit de la femme est primé par celui du
mari. Celui-ci, que l'ancien droit considérait déjà comme
seigneur et maître de la communauté, est chargé de la gestion
des intérêts pécuniaires de l'association conjugale. En sa
qualité de chef de la communauté, il en administre seul les

---

[1] *Traité de la communauté*, article préliminaire, § 1.

Le Thieur

★

biens aux termes de l'article 1421 du code civil. Ces biens sont d'abord les biens communs dont nous trouvons une énumération dans l'article 1401, et que nous étudierons rapidement.

Fait d'abord partie de la communauté, tout le mobilier que les époux possédaient au jour où a été célébré le mariage, et celui qui leur est échu au cours du mariage à titre de succession ou de donation, à moins que le donateur ou le testateur n'ait exprimé le contraire. Il faut également, bien que le législateur n'en ait pas parlé, dire que les meubles acquis à titre onéreux au cours du mariage font partie de l'actif commun.

Le mobilier qui tombe dans la communauté, comprend aussi bien les meubles par nature que les meubles par détermination de la loi, et les meubles corporels aussi bien que les meubles incorporels. Il convient de citer en premier lieu parmi les meubles incorporels qui entrent dans l'actif commun, les créances mobilières dont les époux étaient titulaires au jour du mariage ou qui leur adviennent pendant sa durée. On devra ranger encore parmi les meubles incorporels faisant partie de la communauté, les actions, obligations et intérêts, que les époux auront dans des compagnies de finances, de commerce ou d'industrie ; et cette solution devrait être adoptée alors même que ces compagnies possèderaient des immeubles ; de même, tombent encore dans la communauté les rentes viagères et perpétuelles appartenant aux époux.

Il y a également lieu de compter, parmi les biens communs, les bénéfices que les époux ont réalisés à la suite d'opérations industrielles ou commerciales, qu'il s'agisse de bénéfices antérieurs à la célébration du mariage ou réalisés au cours de la communauté. On pourrait se demander, en ce qui concerne les gains réalisés par les époux, si on devrait considérer comme communs, les produits d'une opération industrielle ou commerciale commencée durant la communauté, alors que ces bénéfices ont été réalisés postérieurement à la dissolution. On admet généralement que de tels bénéfices ne doivent être considérés comme tombant dans la masse commune, qu'autant que les opérations dont ils sont le résultat sont une suite nécessaire d'opérations commencées au cours de la communauté.

L'actif commun comprend encore les fruits, revenus, intérêts et arrérages des biens propres des époux. Il est évident qu'il s'agit ici aussi bien des revenus antérieurs au mariage que de ceux qui ont été acquis depuis, car au moment où le mariage a été célébré, chacun des époux possédait le produit des revenus perçus antérieurement; ces biens constituant des valeurs essentiellement mobilières devraient tomber dans la masse commune. On doit ranger parmi les revenus tombant dans l'actif commun, aussi bien ceux que l'époux perçoit en qualité de propriétaire que ceux auxquels il a droit en qualité d'usufruitier, et ces revenus comprennent aussi bien les fruits naturels que les fruits civils et les fruits artificiels.

La question s'est posée de savoir si on devrait considérer comme faisant partie des biens communs la propriété littéraire. Il est d'abord un point hors de doute, c'est que les bénéfices que l'un des conjoints a réalisés par l'exercice de la profession d'écrivain tombent en communauté ; la difficulté est de savoir si les droits d'auteur tombent dans la communauté ou demeurent propropres. Il faut répondre qu'ils se trouvent compris dans le n° 1 de l'art. 1401. C'est d'ailleurs ce qui semble résulter des ter-

mes de l'art. 1ᵉʳ § 2 de la loi du 14 juillet 1866 qui accorde au
conjoint survivant la jouissance des droits dont l'auteur prédécédé n'a pas disposé, « quel que soit le régime matrimonial
» et indépendamment des droits qui peuvent résulter en fa-
» veur de ce conjoint du régime de la communauté ». Il
résulte bien de ces derniers mots que les droits d'auteur tombent dans la communauté ; c'est d'ailleurs ce que la cour de
cassation a jugé dans un arrêt du 16 août 1880 (¹) cependant
dans un arrêt du 3 avril 1884 (²), la cour suprême a décidé que ce ne sont que les revenus produits par l'exercice
des droits d'auteur durant la communauté et non les droits
d'auteur eux-mêmes qui tombent dans l'actif commun, enfin
la cour d'appel de Paris, dans son audience du 1ᵉʳ février 1900,
a décidé que lors de la liquidation de la communauté réduite aux acquêts, la propriété des œuvres musicales de l'un
des époux ne doit pas entrer dans la masse partageable,
laquelle ne peut comprendre que leurs produits pendant le
cours du mariage jusqu'à la dissolution (³).

Nous verrons, dans notre étude des récompenses et des
propres des époux, les controverses qui se sont élevées pour
savoir si l'office ministériel et les dons de fortune forment des
propres, et nous verrons qu'on admet généralement que ces
biens doivent être considérés comme biens communs.

En ce qui concerne les immeubles, seuls, en dernière ana-
lyse, ceux qui sont acquis à titre onéreux au cours du mariage
font partie de l'actif commun.

On considère comme réalisée à titre onéreux, non seulement

(¹) D., 81. 1. 25.
(²) S., 84. 1. 120.
(³) *Gaz. des Trib.*, 28 fév.-1ᵉʳ mars 1900.

l'acquisition moyennant un paiement en argent, mais encore celle qui est faite moyennant certaines charges.

L'acquisition qui provient des deniers propres de l'un des époux formera également un conquêt de communauté, à moins toutefois que les conditions exigées pour le remploi n'aient été remplies.

Dans le cas où le mariage aura été précédé d'un contrat, on considèrera comme faisant partie de l'actif commun, l'immeuble acquis à titre onéreux par l'un des époux, dans l'intervalle de temps qui s'écoule entre la date du contrat et celle de la célébration du mariage, quel que soit l'espace de temps écoulé entre les deux dates, à moins cependant, que l'acquisition de l'immeuble n'ait été faite en exécution d'une clause du contrat de mariage.

De même encore tomberont dans l'actif commun, les immeubles donnés à l'un des époux sous la condition expresse qu'ils entreront dans la communauté.

Dans le cas où des immeubles auront été donnés aux deux époux conjointement, on se demande s'il y aura lieu de les considérer comme étant des biens de communauté, ou bien si on doit décider qu'ils appartiennent en propre pour moitié à chacun des conjoints. Pour certains auteurs, l'immeuble donné pendant le mariage conjointement aux deux époux demeurera propre à chacun d'eux pour la moitié, car, dit-on, l'article 1402 décide : « Que tout immeuble est réputé acquêt » de communauté s'il n'est prouvé que l'un des époux en avait » la propriété ou possession légale antérieurement au mariage qu'il lui est échu depuis à titre de succession ou donation » [1].

---

[1] Troplong, I, n. 614; Rodière et Pont, I, n. 591; Colmet de Santerre, VI, n. 33 *bis*, VII et VIII; Guillouard, I, n. 432.

On admet plus généralement, au contraire, que dans ce cas, l'immeuble tombe dans la communauté, l'art. 1402 ne visant que la donation faite à un seul des époux. De plus, lorsque le donateur gratifie les deux époux conjointement, il est plus naturel de penser qu'il entend gratifier la communauté ; il ne faudrait cependant pas décider ainsi, si on pouvait supposer que l'intention du donateur a été que la libéralité s'appliquât à chacun des époux pour moitié (¹).

Aux biens communs, le liquidateur devra ajouter les biens que l'un des époux aurait aliénés en violation de la loi au cours de la communauté et ceux qui auront été aliénés depuis la dissolution de la communauté.

La masse des biens existant au moment de la dissolution de la communauté comprendra encore les revenus produits par les biens communs dans l'intervalle de temps qui s'est écoulé entre la liquidation et le partage. En effet, bien qu'en principe le bilan de la communauté doive être arrêté au moment de la dissolution, c'est généralement au moment de la liquidation que les notaires arrêtent le bilan. Cette habitude des notaires peut bien être admise lorsque aucun intérêt n'est atteint par cette façon de procéder ; il n'en saurait être de même s'il en résultait un inconvénient quelconque. Ce système devrait, par exemple, être abandonné si la liquidation durait fort longtemps ; dans ce cas, les parties intéressées pourraient avoir à se plaindre de ce que la communauté soit considérée comme se prolongeant jusqu'au jour de la liquidation.

Les biens communs dont nous venons de donner une

(¹) Fuzier-Herman, *Communauté*, 291. — Laurent, XXI, 271. — Marcadé, art. 1405 1406. — Aubry et Rau, V, § 507, texte et note 38, p. 293.

rapide énumération sont-ils les seuls que possède la communauté? On doit répondre négativement : tant qu'elle dure, la communauté possède tous les biens, ceux de la communauté, biens communs et biens propres des époux, en un mot tous les biens existants. Il en résulte que tout ce que possède la communauté et qui est également possédé par le mari, puisque la loi l'a placé à la tête de la société conjugale, est réputé commun (art. 1402-1499). Il y aura donc lieu, pour les époux qui prétendront qu'un bien leur appartient en propre, de détruire cette présomption à l'aide de la preuve contraire.

Nous aurons donc ainsi d'abord à dégager de la masse confuse des biens existants au moment de la dissolution, dont l'administration était confiée au mari, les biens propres à chaque époux, c'est-à-dire ceux dont chaque époux a conservé sinon la jouissance, du moins la propriété.

Cette première opération nous obligera à étudier les reprises en nature. Nous inspirant ensuite de ce principe qu'aucun des trois patrimoines coexistant sous le régime de la communauté ne doit s'enrichir aux dépens de l'autre, nous serons amené à étudier la théorie des récompenses et celle des reprises en valeur ou rapports.

Enfin nous terminerons notre travail en étudiant de quelle manière vont s'effectuer les reprises en valeur et comment vont s'exécuter les rapports de ce que les époux doivent à la communauté.

Ces diverses opérations terminées, la masse commune partageable sera établie, et le liquidateur pourra procéder aux opérations du partage.

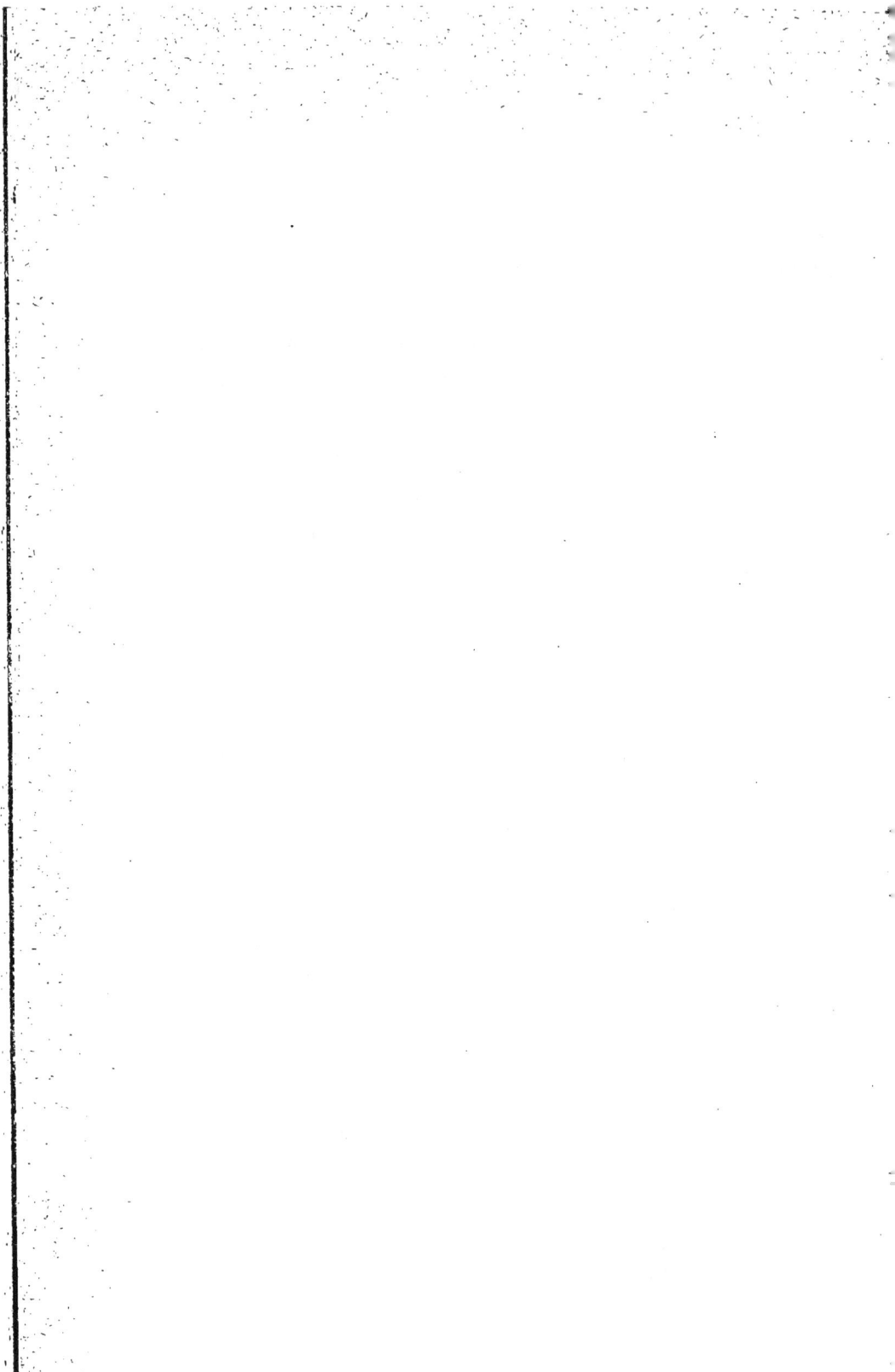

PREMIÈRE PARTIE

Reprises en nature.

CHAPITRE PREMIER

DES PROPRES

§ I. *Propres immobiliers.*

Parmi les biens propres, chaque époux reprend en nature, au moment de la dissolution de la communauté, les immeubles qui lui sont demeurés propres. Ces immeubles ne tombant pas dans la masse commune doivent, au moment de la liquidation, être attribués à l'époux qui n'a pas cessé d'en être propriétaire. Chacun des conjoints conserve ainsi, à titre de propres immobiliers, d'abord les immeubles dont l'acquisition remonte à une époque antérieure au mariage. Cela résulte des termes de l'art. 1404 : Demeure donc propre l'immeuble dont l'un des époux était propriétaire au moment du mariage, alors même qu'il n'en aurait eu la possession que postérieurement au mariage. Il en serait de même si l'immeuble ayant été acquis avant le mariage sous une condition suspensive ou résolutoire, l'événement ou la condition qui rend la possession définitive ne se réalisait que postérieurement au mariage (¹). Il suffit, en un mot, pour que l'immeuble ne tombe pas dans l'actif commun, que la cause qui a rendu l'époux propriétaire soit antérieure au mariage. L'immeuble sera donc propre, alors même que le droit de l'époux propriétaire ne se réalise que par l'événement soit d'une condition résolutoire, ainsi que nous venons de le dire, soit d'une action en nullité, d'une action en révocation ou qu'il ne soit consolidé que par une ratification ou une transaction (²).

Mais, lorsque l'un des époux a vendu avant le mariage un immeuble qui lui était propre et qu'après avoir intenté une action en résolution l'immeuble lui est restitué, cet immeuble demeure-t-il propre à l'époux aliénateur ou bien tombe-t-il en communauté?

D'après Troplong (³), un tel immeuble demeure propre à l'époux aliénateur. On ne considère pas comme conquêts les immeubles qui rentrent pendant le mariage dans la main de l'un des époux par une cause antérieure. Ainsi : « Un immeu- » ble est vendu avant le mariage, l'époux le reprend pendant » le mariage, parce qu'il fait prononcer la résolution de la » vente, cet immeuble revient comme propre et non comme » conquêt ».

On a fait quelques objections contre cette manière de voir (⁴). On a dit : La condition résolutoire étant toujours sous-entendue dans les contrats synallagmatiques au cas où l'une des parties ne remplirait pas les conditions du contrat,

---

(¹) Guillouard, *Contrat de mariage*, I, p. 435-436.

(²) Baudry-Lacantinerie, Lecourtois et Surville, *Contrat de mariage*, I, p. 336.

(³) *Contrat de mariage*, I, n. 518.

(⁴) Duranton, XIV, n. 173.

l'époux qui a vendu l'immeuble avant le mariage n'a plus à la place de cet immeuble qu'un droit de créance qui, comme valeur mobilière, tombe dans la communauté. L'action en résolution étant un moyen de recouvrer cette créance, est un accessoire et entre comme telle en communauté.

Malgré ces objections, la majorité des auteurs se rangeant à l'opinion soutenue par M. Troplong, considèrent au contraire le droit de résolution non pas comme un accessoire de la créance mais bien comme un droit principal, formant en quelque sorte une alternative avec le droit au prix. Quand le vendeur agit en résolution, il exerce un droit immobilier, et si la résolution s'opère, la créance que l'aliénateur avait contre l'acquéreur est réputée n'avoir jamais existé, l'immeuble aliéné rentre rétroactivement dans le patrimoine de l'époux aliénateur et lui demeure propre.

On doit adopter la même décision lorsque l'un des époux ayant fait à un tiers donation d'un immeuble propre, l'immeuble lui revient par suite de la révocation qu'il prononce de cette donation; l'immeuble étant censé n'être jamais sorti de son patrimoine.

Serait encore propre l'immeuble possédé en vertu d'un titre entaché d'un vice quelconque, si le vice disparait durant le mariage. Lorsque le vice dont le titre était entaché a disparu, le titre est considéré comme ayant toujours été valable; or, comme il remonte à une époque antérieure au mariage, l'immeuble possédé en vertu de ce titre demeure propre.

De même encore l'époux propriétaire en vertu d'un titre douteux, et qui, par suite d'une transaction avec celui qui se prétendait propriétaire de l'immeuble, deviendra propriétaire incommutable, conservera cet immeuble à titre de propre, la transaction n'ayant fait que valider et consolider le titre en vertu duquel il possédait, titre qui était antérieur au mariage.

L'immeuble acquis à l'un des époux, antérieurement au mariage, lui est propre, quel que soit le titre en vertu duquel il l'a acquis, titre gratuit ou titre onéreux. Le contrat de mariage étant antérieur au mariage, l'immeuble donné à l'un ou à l'autre des époux par contrat de mariage demeure propre.

Les augmentations de valeur acquises par les immeubles propres profitent aux propriétaires de ces immeubles. Par exemple, la plus-value résultant d'accessions ou d'incorporations ne profite pas à la communauté, mais bien au propriétaire du fonds. L'époux dont l'immeuble est voisin d'un cours d'eau profitera ainsi de l'alluvion, des relais que forme l'eau courante, de l'accroissement qui résulte de l'avulsio ; il profitera également de la formation, dans le cours d'eau, des îles qui doivent être attribuées à son fonds.

Il en sera de même des constructions qui seront élevées sur un immeuble propre, et cela alors même que ces constructions auront été édifiées avec les deniers de la communauté ; seulement, dans ce cas, les constructions ne deviendront propres à l'époux propriétaire du terrain que moyennant récompense à la communauté.

Quant aux immeubles acquis durant le mariage, ils forment en principe des conquêts de la communauté et doivent, comme tels, entrer dans la masse commune ; mais cette règle comporte de nombreuses et importantes exceptions.

Ainsi d'abord lorsque l'un des époux au cours du mariage recueille une succession à titre d'héritier légitime, d'héritier naturel ou même de successeur irrégulier, les immeubles ainsi acquis demeurent propres à l'époux héritier sans qu'il y ait lieu de distinguer la qualité en vertu de laquelle l'époux recueille ces biens, que ce soit comme ascendant ou descendant ou comme collatéral. Si la succession échue à l'époux héritier se compose pour partie de meubles et pour partie d'immeubles, elle demeure propre pour la partie immobilière et tombe dans la masse commune pour la partie mobilière.

Mais supposons que l'un des conjoints recueille une succession en partie mobilière et en partie immobilière, et qu'il vienne pour recueillir cette succession avec d'autres cohéritiers. Il y aura lieu de partager cette succession ; si l'on partage par portions égales dans la partie mobilière et dans la partie immobilière, il n'y aura pas de difficulté ; la portion que l'époux a recueillie dans la masse mobilière tombera dans l'actif commun, et celle qu'il a recueillie dans la masse immobilière lui demeurera propre.

Mais si le partage ne se fait pas de la manière que nous venons d'indiquer, et que l'on ne partage pas par portions égales l'actif mobilier et l'actif immobilier, doit-on, pour décider la part que l'époux héritier recueillera dans la succession à lui échue, s'attacher au résultat du partage, ou doit-on au contraire calculer d'après la portion que le conjoint héritier aurait recueillie si on avait procédé à un partage égal des meubles et des immeubles ?

La question a été résolue de diverses façons. Dans une première opinion enseignée par Lebrun (¹), point ne serait

(¹) *Communauté*, liv. 1, ch. III, sect. 1, distinction 1, n. 20 ; Laurent, XXI, n. 233. — V. également Aubry et Rau, V, § 507, p. 285 et t. VI, § 625, note 29, p. 567 et s.

besoin d'attendre le résultat du partage pour savoir quels sont les droits respectifs de la communauté et de l'époux héritier sur la succession que ce dernier est appelé à recueillir ; ces droits sont fixés du moment où la succession est ouverte. M. Laurent se range à l'opinion de Lebrun et s'exprime en ces termes : « Quand une succession est en partie » mobilière et en partie immobilière, le conjoint héritier a, » dès l'ouverture de la succession, un droit dans les meubles » et dans les immeubles. Le droit qu'il a dans les meubles est » un droit mobilier qui doit entrer dans l'actif de la commu- » nauté ; le partage peut-il, en mettant des immeubles dans le » lot du conjoint, enlever à la communauté le droit qu'elle » avait au mobilier de la succession ? Si l'on s'en tient aux » principes de la communauté, la négative est certaine ». Ces auteurs écartent ici l'application de la règle de l'article 883 d'après laquelle le partage est déclaratif de propriété, car, disent-ils, la règle édictée par cet article constitue une fiction qui ne peut être étendue au-delà des limites pour lesquelles elle a été écrite. Or, disent-ils, cette règle est établie pour régler les rapports des cohéritiers entre eux, et non ceux de la communauté et de l'époux héritier.

Bien que les raisons données par les auteurs qui se rangent à l'opinion de Lebrun soient des plus sérieuses, il nous semble cependant préférable d'admettre l'opinion adverse et même sans aller, ainsi que le faisait Pothier [1], jusqu'à admettre que la règle de l'art. 883, aux termes de laquelle le partage est déclaratif de propriété, doive être appliquée dans l'hypothèse

[1] Pothier, *Communauté*, n. 100 ; Troplong, I, 370-371 ; Marcadé, 1401, n. 5 ; Rodière et Pont, I, 431 ; Demolombe, XVII, n. 317 ; Lecourtois et Surville, I, p. 213. — Caen, 18 août 1880, S., 81. 2. 113.

que nous étudions, on peut cependant décider qu'il faut uniquement s'en tenir au résultat du partage pour savoir quels biens demeureront propres à l'époux héritier et quels biens tomberont dans la communauté. La loi dit en effet que les meubles provenant d'une succession tombent dans l'actif commun, tandis que les immeubles demeurent propres à l'époux héritier; or, c'est au moment du partage qu'il faut se placer pour interpréter cette disposition de la loi.

Si l'immeuble échoit à l'un des époux à la suite d'un partage à la charge de payer une soulte à ses cohéritiers et que la soulte payée ait été prise sur les deniers communs, l'immeuble demeurera propre, mais sauf indemnité pour la communauté qui a fourni les deniers ([1]). Et bien que l'on se soit demandé si, lorsque la soulte fournie dépassait la valeur de l'immeuble ainsi acquis, on ne devait pas considérer une telle acquisition comme devant tomber dans l'actif commun, l'acquisition d'immeubles dont il s'agit ici, étant faite à titre de succession, on doit décider que l'immeuble ainsi acquis demeurera propre, quel que soit le chiffre de la soulte payée. L'immeuble que l'un des époux aurait acquis au cours de la communauté en exerçant le retrait successoral de l'art. 841, doit être assimilé à l'immeuble qui aurait été recueilli par succession et comme tel demeurer propre à l'époux qui a exercé le retrait. Cependant, dans l'opinion soutenue par M. Laurent ([2]), l'immeuble ainsi acquis ne devrait pas demeurer propre, car on peut considérer le retrait successoral comme une acquisition à titre onéreux, qui devrait, de même qu'un conquêt, tomber dans l'actif commun. Mais répondrons-nous,

[1] Arntz, III, 572 ; Vigié, III, 90.
[2] Laurent, XXI, n. 309.

si on adopte la manière de voir de M. Laurent, on fait bénéficier la communauté d'une faveur que la loi établit seulement au profit d'un héritier. L'époux qui exerce le retrait l'exerce parce qu'il est héritier. Comment donc faire bénéficier la communauté d'une disposition qui ne s'applique qu'à un héritier? Tout ce qu'on doit en ce cas à la communauté c'est une récompense égale à la somme qu'elle a déboursée si c'est elle qui a fourni les fonds nécessaires pour pouvoir exercer le retrait.

On doit encore considérer comme propre l'immeuble auquel succède l'un des conjoints en vertu du droit de retour légal établi par l'art. 747; le retour légal constitue en effet un titre successif. Si l'immeuble que les époux avaient donné à leur enfant décédé sans postérité était un immeuble qui au moment de la donation faisait partie de la communauté, cet immeuble ne retomberait pas dans la communauté, mais demeurerait propre pour moitié à chacun des époux ([1]).

Cependant si un immeuble de communauté avait été donné par l'un des conjoints ou tous les deux, soit à un enfant, soit à un tiers, avec une clause de retour conventionnel, l'immeuble ne reviendrait plus comme propre, mais tomberait dans l'actif de la communauté ; l'accomplissement de la condition insérée dans la donation étant équivalent à l'accomplissement d'une condition résolutoire, l'immeuble commun qui a été ainsi donné est considéré comme n'étant jamais sorti de la communauté.

Sont également propres à l'époux donataire ou légataire, les immeubles qui lui ont été donnés ou légués, lorsque le

---

([1]) Bellot des Minières, I, p. 162 s.; Duranton, XIV, p. 187; Marcadé, V, art. 1404-1406; Aubry et Rau, V, § 507, note 55, p. 299.

legs ou la donation ne s'applique qu'à un seul des époux, et
que le donateur ou le testateur n'aura pas manifesté la volonté que les biens ainsi donnés ou légués tombent en communauté. Si les immeubles ont été donnés ou légués aux deux
époux, ils tombent dans l'actif commun, à moins que les conjoints ne puissent prouver que le disposant a entendu assurer
à titre de propriétaire une partie de la libéralité à chacun des
époux (¹).

D'après la législation coutumière, les immeubles donnés à
l'un ou l'autre des conjoints par donation entre-vifs ou par
testament, tombaient dans la communauté légale, sauf dans
trois cas : lorsque les donations étaient antérieures au mariage, lorsqu'elles constituaient des avancements de succession, et enfin lorsque ces donations étaient faites à la condition que les choses données demeureraient propres au donataire. La coutume de Paris, article 216, disposait : « Chose
» immeuble donnée à l'un des conjoints pendant leur mariage,
» à la charge qu'elle sera propre de communauté, ne tombe
» en communauté ».

Donc, d'après les règles de notre ancien droit coutumier, les
immeubles donnés à l'un des conjoints tombaient en communauté à moins de clause expresse spécifiant que l'immeuble
donné demeurerait propre à l'époux donataire. Au contraire,
aux termes de l'art. 1408 du Code civil, les donations d'immeubles demeurent propres à l'époux donataire, point n'est
besoin, pour qu'il en soit ainsi, d'une disposition expresse du
donataire ; il faudrait au contraire, pour qu'il en fût autrement et que la chose donnée appartînt à la communauté,

(¹) Baudry-Lacantinerie, Lecourtois et Surville, I, n. 339.

que le donateur eût manifesté la volonté qu'il en fût ainsi.
Bien plus, l'immeuble ainsi acquis par donation ou testament
demeurera propre, alors même que la libéralité n'aurait été
faite que moyennant certaines charges. Cependant si les charges imposées étaient telles que l'acquisition immobilière ainsi
faite pût être considérée comme un acte à titre onéreux plutôt
que comme un acte à titre gratuit, l'immeuble ainsi acquis ren-
trerait dans la catégorie des acquisitions à titre onéreux et
devrait, comme tel, tomber dans l'actif commun. Cependant
si une donation d'immeubles était déguisée sous la forme d'un
contrat à titre onéreux, et si l'époux donataire pouvait établir
la véritable nature de l'acte d'acquisition, il devrait être autorisé à prélever les immeubles comme propres [1].

Dans les hypothèses que nous venons d'envisager, la donation ou le legs émanait de personnes non parentes des dona-
taires ; que se passera-t-il lorsque la libéralité proviendra des
parents de l'époux donataire, et lorsque cette libéralité ne
sera accordée que moyennant certaines charges souvent assez
lourdes ? Aux termes de l'art. 1406, l'immeuble demeurera
propre, sauf récompense ou indemnité pour la communauté
s'il y a lieu.

La disposition de l'art. 1406 peut sembler un peu étrange,
car elle fait entrer dans le patrimoine propre de l'un des conjoints un immeuble qui, d'après les règles qui régissent l'actif
de la communauté, devrait tomber dans le patrimoine commun. On ne peut dire en effet qu'il s'agit ici d'un immeuble
acquis à titre gratuit ; l'acquittement des charges imposées au
conjoint donataire peut en effet être considéré comme étant

[1] Aubry et Rau, V, § 507, p. 300; Battur, I, n. 245 ; Vigié, III, n. 96.

le prix de l'immeuble donné. Si l'on décide ici que l'acquisition de l'immeuble, bien qu'étant faite à titre onéreux, demeure propre au conjoint donataire, c'est que l'on considère la libéralité comme un avancement d'hoirie, un arrangement anticipé de la succession de l'ascendant donataire. Or tous les immeubles acquis à titre de succession par l'un des époux au cours de la communauté lui demeurent propres, alors même que la succession serait grevée de dettes que l'héritier serait tenu de payer. La situation est donc la même que si l'immeuble était recueilli dans la succession de l'ascendant et après son décès, si cette succession était grevée de certaines dettes. Mais la disposition de l'art. 1406 ayant un caractère tout à fait exceptionnel, on doit décider que s'il n'est pas nécessaire, pour qu'elle soit applicable, que l'époux donataire soit l'héritier présomptif du donateur, il faut qu'il soit son descendant, et la règle ne serait plus applicable si le conjoint donataire était seulement un collatéral du donateur; le bien donné tomberait alors dans la communauté comme acquisition à titre onéreux (¹).

Demeure encore propre et peut être repris en nature à la dissolution de la communauté, l'immeuble acquis par l'un des époux au cours de la communauté en échange d'un immeuble qui lui était propre. Ce nouveau bien suit la qualité de l'immeuble qu'il a remplacé dans le patrimoine de l'époux et, comme lui, demeure propre. Il y a ici, ainsi que le dit Pothier (²), une fiction de subrogation.

Mais il se peut que l'échange n'ait eu lieu que moyennant une soulte, et nous savons que l'immeuble ne devient pro-

(¹) Colmet de Santerre, VI, n. 34 *bis*, VI; Laurent, XXI, n. 318.
(²) *Communauté*, I, 197.

pre qu'à charge pour l'époux échangiste d'indemniser la caisse
commune du montant de cette soulte; cependant en sera-
t-il ainsi, quelque élevé que soit le montant de la soulte payée
en contre-change ?

De l'avis de certains auteurs, le législateur n'ayant pas pré-
cisé et n'ayant établi aucune distinction, il faut s'en tenir au
texte de l'art. 1407. Cet article prévoit une différence de valeur entre les immeubles échangés, il n'en tient aucun compte,
l'immeuble doit donc demeurer propre à l'époux échangiste
quel que soit le montant de la soulte, sauf cependant récompense pour la communauté qui en aurait payé le prix. On se
fonde pour décider ainsi sur cette maxime : que là où le législateur n'a pas établi de distinction, l'interprète n'a pas à distinguer (¹).

Dans une seconde opinion, l'immeuble acquis en échange
d'un propre serait au contraire pour la totalité un conquêt
de communauté si la soulte payée dépassait dans une mesure
quelconque la valeur de ce propre (²).

Enfin dans un troisième système, que l'on pourrait appeler
un système mixte, qui a réuni les suffrages de nombreux
auteurs, il faudrait décider que si la soulte était d'une valeur
à peu près égale à la valeur du propre donné en échange, et
à plus forte raison si elle le dépassait, l'immeuble reçu en
contre-échange deviendrait propre pour partie et conquêt
pour l'autre partie. Il deviendrait propre jusqu'à concurrence
de la valeur du propre qu'il a remplacé dans le patrimoine
de l'époux échangiste ; et conquêt pour le surplus (³).

(¹) Toullier, XII, n. 149-150; Laurent, XXI, n. 357.
(²) Bellot des Minières, I, p. 213.
(³) Pothier, n. 197; Troplong, I, 637; Rodière et Pont, I, 649; Aubry et Rau, V,
§ 507, texte et note 62, p. 301; Fuzier-Herman, *Communauté*, n. 450.

Nous trouvons encore une autre source d'immeubles propres
aux époux dans le remploi. Ici, à la différence de ce qui a
lieu dans le cas d'échange, la substitution d'un bien par un
autre n'est pas immédiate : le bien aliéné n'est pas immédiatement remplacé par le bien nouvellement acquis dans le
patrimoine de l'époux aliénateur ; il y a ici deux opérations :
une vente et un achat d'immeubles, entre lesquelles s'écoule
un certain espace de temps. Dans le cas de remploi, le bien
acquis en remploi est acheté avec les deniers provenant de la
vente d'un immeuble propre. Il arrive pourtant quelquefois
que l'acquisition d'un immeuble en remploi précède l'aliénation de l'immeuble qu'il doit remplacer ; même dans ce cas,
malgré les hésitations de certains auteurs, le remploi, bien
qu'étant anticipé, doit être regardé comme valable, sans qu'il
y ait lieu de distinguer si le remploi anticipé concerne le mari
ou la femme, à moins toutefois qu'il ne soit démontré qu'il y
a eu fraude du mari, auquel cas il faudrait prononcer la nullité du remploi.

On s'est demandé si pour que le remploi soit valable et que
l'immeuble acquis demeure propre à l'époux, pour le compte
duquel le remploi a été opéré, il est nécessaire que les fonds
proviennent nécessairement de l'aliénation d'un propre immobilier. Ainsi on peut supposer que l'un des conjoints possédait des valeurs financières à lui propres, par exemple des
rentes sur l'Etat ; si ces valeurs ont été aliénées, on décide
généralement que l'immeuble acquis des deniers provenant
de l'aliénation de ces valeurs devra être considéré comme un
propre. On peut supposer également qu'une somme d'argent
a été donnée à l'un des conjoints, avec cette clause qu'elle
n'entrerait point en communauté ; si l'époux donataire acquiert

un immeuble à l'aide de ces deniers, sera-t-il vrai de dire
que cet immeuble lui demeure propre? Il est d'abord à
remarquer que l'opération qui aura lieu ici ne saurait constituer un remploi, mais bien un emploi, le remploi impliquant deux opérations successives, aliénation d'un bien propre
et acquisition des deniers provenant de cette aliénation. Mais
le bien ainsi acquis en emploi tombera-t-il dans la communauté ou bien demeurera-t-il propre à l'époux donataire? On
est généralement d'accord pour décider que le bien acquis
en emploi des deniers ainsi donnés demeurera propre, lorsque l'acte de donation portait qu'ils serviraient à l'acquisition
d'un bien et que ce bien constituerait un propre pour l'époux
donataire. Mais en sera-t-il de même si le donateur n'a pas
exprimé dans la donation que le bien acquis des deniers
donnés serait propre au donataire? La jurisprudence et de
nombreux auteurs sont d'avis que dans ce cas, alors même
qu'il n'aurait pas été spécifié par le donateur que les deniers
donnés serviraient à l'acquisition d'un propre, il faut décider
que le bien acquis en emploi constituera un propre [1].

De l'avis de MM. Baudry-Lacantinerie, Le Courtois et Surville (I, p. 288), au contraire, il ne peut être question ici
d'acquisition en emploi, et l'immeuble acquis des deniers
donnés ne doit pas demeurer propre. La somme d'argent ainsi
donnée ne sera pas pour l'époux donataire la source d'un propre parfait, qu'il pourra reprendre en nature à la dissolution
de la communauté, mais sera pour lui la cause d'une créance
contre cette dernière. L'immeuble acquis en emploi de cette

[1] Paris, 9 juil. 1841, S., 41. 2. 534. — Bourges, 27 août 1853, S., 60. 1. 241.
— Cass., 16 nov. 1859, D., 59. 1. 490 et Aubry et Rau, V, § 507, texte et note 88,
p. 309 et 310; Rodière et Pont, I, 679.

somme d'argent ne pourra pas former davantage un propre parfait, cet immeuble tombera dans l'actif commun, à charge par la communauté d'indemniser l'époux acquéreur de cet immeuble de somme égale à celle employée pour son acquisition (¹).

La question se pose en sens inverse, de savoir si le bien acquis en remploi d'un immeuble doit être également un immeuble. On admet généralement que le remploi doit être effectué en biens de même nature que ceux qui vont être remplacés (²); donc, si un immeuble propre est aliéné, le bien acquis en remploi doit être également un immeuble.

Mais cependant bien que le remploi doive, en principe, être opéré en immeubles ou en droits immobiliers, il peut cependant être effectué en certaines valeurs spécialement désignées. Ainsi les rentes 3 p. 100 sur l'Etat français peuvent, aux termes de l'art. 46 de la loi du 2 juillet 1862, être acquises en remploi d'immeubles propres aliénés. « Les sommes dont le » placement ou le remploi en immeubles est prescrit ou auto- » risé par la loi, par un jugement, par un contrat ou par une » disposition à titre gratuit, entre vifs ou testamentaires, peu- » vent être employées en rentes 3 p. 100 de la dette française » à moins de clause contraire ». La disposition de la loi de 1862 qui n'autorisait le remploi qu'en rentes sur l'Etat français 3 p. 100 a été étendue par l'art. 29 de la loi des finances des 16 septembre et 2 octobre 1871 aux rentes françaises de toute nature. Mais il faut, pour qu'il en soit ainsi, qu'il n'y ait aucune clause contraire à la possibilité d'effectuer le remploi en rentes françaises. On admet également que la dispo-

(¹) Baudry-Lacantinerie, Le Courtois et Surville, I, p. 288.
(²) Rodière et Pont, I, 68.

sition des lois de 1862 et de 1871 s'applique non seulement aux contrats de mariage postérieurs à la promulgation de ces lois, mais également à ceux qui les ont précédées. Il faut à plus forte raison décider que les actions de la Banque de France peuvent, lorsqu'elles ont été immobilisées, être acquises en remploi.

Nous trouvons dans le cas de remploi une question analogue à celle qui s'est posée dans le cas d'échange, lorsqu'il existe une différence de prix entre l'immeuble acquis et l'immeuble vendu. Si la différence est de peu d'importance, on décide généralement que l'immeuble demeurera propre pour le tout, sauf récompense à la communauté des deniers qu'elle aura fournis (¹).

Si au contraire la différence entre les deux prix est considérable, l'immeuble ainsi acquis en remploi ne sera propre que jusqu'à concurrence du prix d'aliénation et sera commune pour ce qui excèdera ce prix (²).

Aux termes de l'art. 1408 du Code civil, dans le cas où l'un des époux possède en propre un droit indivis dans un immeuble, l'acquisition qu'il fait à titre onéreux de la part de son copropriétaire lui demeurera propre. Peu importe, pour qu'il en soit ainsi, que l'indivision soit survenue antérieurement au mariage ou qu'elle ne se soit produite que postérieurement à sa célébration. Peu importe également l'origine du bien indivis. L'immeuble demeurera toujours propre pour le tout, que l'acte d'acquisition mette fin à l'indivision pour partie ou pour le tout (³).

(¹) Aubry et Rau, V, § 507, p. 300; Laurent, XXI, 381.
(²) Cass., 2 déc. 1867, S., 68. 1. 161.
(³) Bordeaux, 6 août 1873, *Journal des arrêts de Bordeaux*, 73. 1. 318.

Le second paragraphe de l'art. 1408 nous indique un cas où la femme pourra, à la dissolution de la communauté, reprendre, si elle veut, un immeuble comme lui appartenant en propre. Ce cas se présente lorsque le mari devient seul et en son nom personnel acquéreur ou adjudicataire de portion ou de la totalité d'un immeuble appartenant par indivis à la femme. Cette dernière a le choix, au moment de la liquidation, soit de retirer l'immeuble en nature, en remboursant à la communauté le prix de l'acquisition, soit de l'abandonner à la communauté qui devient alors débitrice envers la femme de la portion appartenant à celle-ci dans le prix. La première condition exigée est que la femme soit réellement propriétaire par indivis de l'immeuble acquis par son mari ; elle ne pourrait exercer le droit d'option que lui accorde l'art. 1408, si elle n'avait sur cet immeuble qu'un simple droit d'usage ou d'usufruit (¹).

On se demande si, pour que la femme puisse user du droit d'option que lui confère l'art. 1408, il faut que l'acquisition ait porté seulement sur un immeuble déterminé dont la femme était copropriétaire ; ou bien si cette faculté d'option accordée à la femme lui serait encore permise, si l'acquisition avait pour objet à la fois des droits successifs mobiliers et des droits successifs immobiliers. D'après une première opinion, l'article 1408 ne doit recevoir son application que lorsque l'acquisition porte sur un immeuble déterminé (²). Pour d'autres, au contraire, la femme pourrait exercer son droit d'option aussi bien lorsqu'il s'agit d'une acquisition de droits successifs mobiliers et immobiliers, que lorsqu'il s'agit de l'acqui-

<hr/>

(¹) Vigié, III, p. 107-109 ; Rodière et Pont, I, 624.
(²) Laurent, XXI, p. 331.

Le Thieur   2

sition de portion ou de la totalité d'un immeuble déterminé (¹).
Bien que l'on ait quelquefois prétendu que la femme pourrait
exercer son droit d'option, même au cours de la communauté,
dès qu'elle y a intérêt, on doit décider que ce choix ne peut
s'exercer que lorsque cette dernière est dissoute, et l'immeuble ainsi acquis est censé n'avoir jamais été conquêt de communauté et avoir été propre à la femme non seulement du
jour où elle a exercé son droit d'option, mais bien du jour où
l'acquisition a été faite par le mari.

§ II. *Propres mobiliers.*

Lorsque les époux auront prélevé leurs immeubles propres, ils auront encore le droit de demander la distraction de
la masse commune des biens mobiliers dont ils ont conservé
la propriété. Les propres mobiliers sont d'ailleurs beaucoup
moins nombreux que les propres immobiliers, car en principe tous les objets mobiliers que possédaient les conjoints
au moment de leur mariage, et tous ceux qu'ils acquièrent au
cours de leur union tombent dans la masse commune. Ce ne
sera donc que d'une manière tout à fait exceptionnelle qu'il y
aura lieu à prélèvement en nature des objets mobiliers des
époux au moment de la dissolution de la communauté.

Nous rangerons dans une première catégorie les biens qui
auront été donnés ou légués à l'un des époux à la condition
qu'ils n'entreraient pas en communauté. D'après les règles
qui régissent l'actif de la communauté légale, de tels biens
devraient tomber dans la masse commune, car ce sont des

(¹) Aubry et Rau, V, § 507, texte et note 95, p. 312 ; Fuzier-Herman, *Communauté*, p. 650 et Pau, 28 juin 1869, D., 70. 2. 175.

acquisitions mobilières faites à titre gratuit, elles devraient donc tomber dans l'actif commun. On s'est demandé si pour que de tels biens demeurent propres à l'époux bénéficiaire de la donation ou du legs, il faut que la volonté du donateur ou du testateur ait été manifestée expressément, ou s'il suffirait qu'il n'y eût pas d'équivoque dans l'intention de l'auteur de la libéralité Bien que l'on ait soutenu [1], en se basant sur le mot « exprimé » contenu dans le premier alinéa de l'art. 1401, qu'il fallait une manifestation expresse de la volonté du donateur ou du testateur, on admet plus généralement qu'il suffit, pour que les objets donnés demeurent propres, qu'il n'y ait pas le moindre doute sur la volonté de l'auteur de la donation ou du testament [2].

La question s'est également posée de savoir si, lorsque la libéralité émane d'une personne dont l'époux gratifié se trouve être l'héritier réservataire, et si les biens donnés font partie de la réserve à laquelle l'époux légataire avait droit, ces biens ne devront pas entrer dans l'actif commun. Bien que certains auteurs aient décidé [3] que, même dans ce cas, les biens légués ne devaient pas entrer dans l'actif commun, nous déciderons plutôt, avec la jurisprudence et nombre d'auteurs, que, dans ce cas, les biens légués devront entrer dans la communauté pour la part qui fait partie de la quotité disponible du testateur [4].

---

[1] Laurent, XXI, n. 276, *Note* de M. Labbé dans D., 80. 1. 175.

[2] Toullier, XII, n. 115 ; Glandaz, *Communauté*, XXII ; Marcadé, art. 1401 s. — Cass., 10 nov. 1870, D., 80. 2. 175.

[3] Duranton, XIV, n. 135 ; Massé et Vergé sur Zachariæ, IV, p. 70, § 64, note 14.

[4] Delvincourt, III, p. 238 ; Aubry et Rau, V, p. 287, § 507, note 20 ; Laurent, XXI, p. 277 ; Rodière et Pont, I, 545. — Cass., 6 mai 1885, S., 85. 1. 289.

En dehors des objets donnés ou légués aux époux sous la condition qu'ils n'entreraient pas dans l'actif commun, certains meubles demeurent propres en raison de leur nature et de l'usage auquel ils sont destinés. Les objets dont il s'agit n'ont généralement qu'une valeur minime, et tout leur prix tient aux souvenirs qu'ils rappellent. Tels sont les manuscrits non édités, les papiers de famille, les lettres confidentielles, les portraits de famille, les décorations, les dons purement honorifiques. Il en était ainsi du temps de Pothier qui nous dit : « Chacune des parties doit reprendre les portraits de sa famille ; il en est de même des marques, des ordres de chevalerie dont le mari a été décoré, tels qu'une croix de Saint-Louis ». Les armes d'un soldat, la robe d'un magistrat, les brevets et les diplômes, les livres de l'homme de lettres, à moins cependant qu'il ne s'agisse d'une bibliothèque de grande valeur acquise des deniers de la communauté, demeurent également propres. Cependant, bien qu'on ait voulu, étant donné leur caractère d'objets personnels, considérer comme demeurant propres aux époux les linges et hardes à leur usage personnel, il semble qu'ils doivent plutôt tomber dans la communauté, puisque c'est une faveur que l'art. 1492 accorde à la femme renonçante quand elle lui permet de reprendre ses linges et hardes.

Sont également exclus de la communauté les objets incessibles, par exemple les pensions alimentaires qui auront été léguées avec la clause qu'elles ne pourraient être cédées, le versement dans la caisse commune impliquant, en effet, une sorte de cession du bien versé.

De même, les pensions alimentaires auxquelles la loi confère un caractère d'incessibilité : pensions militaires, pensions de la Légion d'honneur, traitements des réformes, dotations et pensions de retraite. La communauté a bien le droit de percevoir les intérêts et arrérages de ces pensions ou de ces rentes, mais ces pensions et ces rentes elles-mêmes demeureront propres. Un arrêt de la cour d'Alger du 11 mars 1885 (¹) décide, en vertu du même principe, que les pensions viagères qui, aux termes de la loi du 30 juillet 1881, ont été accordées aux victimes du coup d'Etat de 1851, ne rentrent pas dans l'actif commun et demeurent propres au mari qui les a obtenues.

Les rentes viagères de la Caisse nationale des retraites pour la vieillesse ne tombent plus dans la masse commune, et, aux termes de la loi du 20 juillet 1886, les arrérages mêmes de ces rentes ne tombent pas dans l'actif commun ; d'après l'art. 13 de cette loi : « Le versement fait pendant le mariage par l'un des deux conjoints profite séparément à chacun pour la moitié ». La cour de cassation (²) a décidé que, lorsque des époux mariés sous le régime de la communauté ont versé à la Caisse des retraites, et que le déposant a déclaré lors du versement que le versement par lui effectué serait remboursé à son décès, le versement ne tombe pas dans la caisse commune. « Attendu, dit cet arrêt, que, de tout ce qui précède, il résulte » manifestement que la législation sur la Caisse des retraites a, » dans son ensemble, dérogé aux règles du droit commun en » matière de statut matrimonial et qu'elle a attribué à chacun » des époux un droit propre, tant sur la rente que sur le capi- » tal versé à la Caisse ».

Enfin, les objets qui, dans le patrimoine de l'un des con-

(¹) S., 87. 2. 59.
(²) Cass., 25 juin 1888, D., 89. 1. 209.

joints, sont venus remplacer un bien qui lui était propre, devront, comme ce bien remplacé, lui demeurer propres.

On admet d'après ce principe que dans le cas où durant la communauté une valeur mobilière vient remplacer un immeuble propre de l'un des époux cette valeur demeure propre. Ainsi le prix d'un immeuble propre aliéné demeure propre à l'époux aliénateur tant qu'il n'a pas été versé dans la communauté et on en a tiré cette conséquence que lorsqu'il s'agit d'un immeuble aliéné par la femme, le mari ne pourrait abandonner le prix de cette aliénation à ses créanciers.

De même que le prix d'aliénation, la soulte versée à l'un des époux à la suite d'un partage d'immeubles demeurera propre, et cela que la soulte due soit un capital ou une rente viagère. L'époux au profit duquel cette soulte a été constituée et ses héritiers auront, au moment de la dissolution de la communauté, le droit de prélever une somme équivalant à la différence existant entre les arrérages perçus par la communauté et le revenu de la part d'immeubles en échange de laquelle la rente a été constituée.

Le supplément du juste prix que percevrait l'un des époux qui, ayant vendu un immeuble, exercerait contre l'acheteur une action en rescision pour lésion de plus de sept douzièmes lui demeurerait propre ; de même que le prix de l'immeuble qu'il aurait été obligé de restituer si, en sens inverse, l'action en rescision avait été exercée contre lui. On admet enfin, que l'indemnité qu'une compagnie d'assurances aurait payée à l'un des conjoints, à la suite d'un incendie ayant détruit un immeuble à lui propre, ne doit pas davantage tomber dans la communauté ; et cela, alors même qu'il s'agirait d'un immeuble propre de la femme qui aurait été assuré par le mari, et que les primes auraient été payées des deniers communs. En sa qualité d'administrateur des biens propres de la femme, le mari était tenu de contracter l'assurance, et le paiement des primes était une charge incombant à la communauté en sa qualité d'usufruitière des biens propres de la femme.

A la dissolution de la communauté, l'époux propriétaire de l'immeuble auquel des valeurs mobilières auront été substituées, aura donc le droit de prélever ces valeurs comme il eût prélevé l'immeuble qui lui était propre; mais la plupart du temps, il arrivera que la valeur qui a remplacé l'immeuble dans le patrimoine de l'époux sera une somme d'argent qui aura été versée dans la caisse commune, et nous verrons, en étudiant les récompenses dont la communauté peut être débitrice à l'égard des époux, que ces substitutions de valeurs mobilières à des immeubles propres sont une source de récompenses.

Il y a enfin une dernière catégorie de biens meubles qui demeurent la propriété exclusive des époux, ce sont toutes les choses mobilières qui ont été détachées de biens propres aux époux et qui n'ont pas le caractère de fruits.

Resteront propres, par exemple, les matériaux provenant de la démolition d'un bâtiment propre à l'un des époux; les produits des mines, des carrières et des coupes de bois provenant d'immeubles propres des époux devront également être considérés comme des biens propres mobiliers si on ne peut leur reconnaître le caractère des fruits. Si ces biens ont été conservés et s'ils existent encore en nature au moment de la dissolution de la communauté, ils pourront être repris en nature; nous verrons, en étudiant les cas où récompense est due par la communauté aux époux, que si au contraire ces biens ont été aliénés ou confondus avec les biens communs, récompense sera due du montant de leur valeur.

Parmi les biens meubles détachés des propres des époux et qui n'ont pas le caractère des fruits, il y a lieu de se demander si on ne peut pas ranger le trésor découvert dans l'immeuble propre de l'un des époux.

Il est d'abord un point hors de doute, c'est que la portion du trésor qui est attribuée à l'époux qui l'a découvert fait partie de la communauté. Mais la portion du trésor attribuée *jure soli* au propriétaire du sol qui le recélait tombera-t-elle dans l'actif commun ou bien demeurera-t-elle propre à l'époux propriétaire du fonds dans lequel le trésor a été découvert ? D'après un premier système, le trésor doit demeurer propre à l'époux propriétaire du fonds, car, dit on, c'est une fraction qui a été détachée du fonds, et cette fraction n'a pas le caractère de fruit ; elle ne doit donc pas tomber dans l'actif commun ([1]). Il vaut mieux, à notre avis, considérer le trésor comme étant absolument indépendant du fonds où il était caché ; on ne peut dire que c'est un fruit, cela est évident, ce n'est pas davantage une portion détachée du fonds, car par sa nature même le trésor est complètement différent du fonds ; il vaut mieux le considérer comme un pur don de fortune et décider qu'il doit en cette qualité tomber dans l'actif commun.

§ III. *Distinction entre les propres mobiliers parfaits et les propres mobiliers imparfaits.*

Les biens mobiliers qui demeurent propres aux époux se divisent en biens propres parfaits et biens propres impar-

([1]) Aubry et Rau, V, § 507, texte et note 28, p. 189 ; Demante et Colmet de Santerre, VI, n. 21 *bis*, VI.

faits. Les premiers, nous l'avons vu, demeurent la propriété exclusive des époux, qui ont le droit de les reprendre en nature au moment de la dissolution de la communauté.

La distinction établie de nos jours entre les biens propres parfaits et les biens propres imparfaits n'existait pas dans notre ancien droit, où tous les biens mobiliers des époux étaient des propres imparfaits ; Pothier nous dit en effet (*Communauté*, 325) en parlant de l'effet de la clause de réalisation : « Les mobiliers réalisés ou propres conventionnels » se confondent dans la communauté avec les autres biens » mobiliers de la communauté, qui est seulement chargée » d'en restituer, après sa dissolution, la valeur à celui des » conjoints qui les a réalisés. En conséquence, le mari, » comme chef de la communauté, peut aliéner les meubles » que la femme a réalisés. La réalisation de ces meubles et » leur exclusion de la communauté ne consiste que dans une » créance de reprise de leur valeur, que le conjoint qui les a » réalisés a droit d'exercer après la dissolution de la commu- » nauté, contre la communauté dans laquelle ces meubles » réalisés se sont confondus, et c'est à cette créance de reprise » que la qualité des propres conventionnels est attachée. Le » conjoint n'est pas créancier *in specie* des meubles réalisés, il » ne l'est que de leur valeur ». Sous l'empire du code civil, au contraire, on distingue entre les propres parfaits et les propres imparfaits, et ils sont les uns et les autres traités suivant des règles différentes.

Mais avant d'examiner les règles qui régissent ces deux sortes de biens, il convient de citer quelles sont les principales espèces de biens propres imparfaits.

Nous citerons en premier lieu les biens mobiliers sur lesquels la communauté ne peut avoir qu'un droit de quasi-usufruit, parce que ces biens se consomment par le premier usage comme les denrées. On comprend facilement que la communauté ne pouvant jouir de tels biens qu'en les consommant, l'époux qui les a mis dans l'actif commun ne peut espérer les retrouver en nature lorsque la communauté est dissoute. Il en est généralement ainsi également de certains objets qui, bien que ne se consommant pas par le premier usage, se détériorent assez facilement.

On rangera encore parmi les propres imparfaits, les biens qui ont été donnés ou légués à l'un des époux sous la condition qu'ils n'entreraient pas dans l'actif commun, mais que le conjoint à qui ils ont été donnés ou légués n'en exercerait pas la reprise en nature, et reprendrait un bien équivalent ou somme d'argent de même valeur.

Seront encore considérés comme propres imparfaits, les objets estimés dans le contrat de mariage, sans qu'il soit ajouté que l'estimation de ces objets ne vaut pas vente, ou que, par exemple, elle n'est faite que pour l'enregistrement du contrat. Enfin, dans le cas d'une communauté conventionnelle, lorsque par l'effet d'une clause de réalisation l'un des époux a entendu exclure tout ou partie de son mobilier, mais s'est réservé non le droit de le reprendre en nature, mais bien d'en prélever la valeur, le mobilier ainsi réalisé formera un ensemble de propre imparfaits (¹).

Les droits de la communauté sont bien différents en ce qui concerne les propres parfaits et les propres imparfaits ; elle a bien un droit d'usufruit sur ces deux espèces de biens,

---

(¹) Baudry-Lacantinerie, Le Courtois et Surville, I, p. 352.

mais tandis qu'elle exerce un véritable droit d'usufruit sur les propres parfaits, la communauté n'a au contraire qu'un droit de quasi-usufruit sur les propres imparfaits.

De plus, les propres mobiliers parfaits demeurent la propriété des époux auquel ils appartiennent; ceux-ci pourront donc les reprendre en nature au moment de la dissolution de la communauté; il n'en est pas de même pour les propres imparfaits qui deviennent la propriété de la communauté, le droit que l'époux avait sur ces biens se transforme en un simple droit de créance qu'il pourra exercer quand la société conjugale sera dissoute.

CHAPITRE II

PREUVE DE LA QUALITÉ DES BIENS DES ÉPOUX

Ainsi que nous l'avons vu, les époux ont le droit de demander préalablement à toute autre opération la séparation de
la masse des biens existants des biens dont ils ont conservé
la propriété. Tant que la communauté a duré, elle a eu sur
ces biens un droit de jouissance comparable au droit d'un
usufruitier; mais, au moment de la dissolution, cet usufruit
s'éteint, et les biens propres, meubles et immeubles, se détachent naturellement de la masse commune pour rentrer dans
le patrimoine de l'époux propriétaire.

De même que le nu-propriétaire qui veut reprendre son
bien à la mort de l'usufruitier doit prouver sa qualité de
propriétaire, de même les époux qui demandent à reprendre
leurs biens doivent prouver leur droit. Nous aurons à distinguer en ce qui concerne les moyens de preuve que la loi a
mis à la disposition des époux, selon qu'il s'agit de la reprise
en nature des biens meubles ou immeubles et, d'autre part,
selon que l'époux qui se prétend propriétaire avait adopté le
régime de la communauté légale ou le régime de la communauté réduite aux acquêts.

Nous étudierons d'abord quels sont les modes de preuve
que les époux auront à fournir lorsque, étant mariés sous le
régime de la communauté légale, ils voudront exercer la

reprise en nature de certains immeubles communs leur appartenant en propre.

Il résulte des termes de l'art. 1402 : « Que tout immeuble » est réputé acquêt de la communauté, s'il n'est prouvé que » l'un des époux en avait la propriété ou la possession légale » antérieurement au mariage, ou qu'il lui est échu depuis, à » titre de succession ou de donation ». Le législateur établit donc ici une présomption de faveur au profit de la communauté, présomption que l'époux qui se prétend propriétaire de l'immeuble devra détruire à l'aide de la preuve contraire. Cette manière de voir était déjà celle de nos anciens auteurs ([1]). Pothier nous dit notamment : « Tout héritage ou » autre immeuble dont on ne trouve pas le titre d'acquisition » est, dans le doute, présumé conquêt, lorsque aucune des » parties ne peut justifier qu'il lui ait appartenu avant le » mariage et qu'il lui fut propre. La raison de cette règle est » évidente. Celui des deux conjoints qui prétendrait que » l'héritage lui est propre doit le justifier suivant cette règle : » *Ei incumbit probatio qui dicit* ».

Il faut donc que l'époux apporte une preuve précise pour pouvoir exercer la reprise de l'immeuble dont il se prétend propriétaire, mais quels sont les moyens de preuve que la loi lui fournit pour justifier sa prétention ? Le législateur n'ayant pas ici spécifié les modes de preuve que doit fournir l'époux qui se prétend propriétaire, on est d'accord pour reconnaître que ce dernier pourra user de tous les moyens de preuve du droit commun. Le plus souvent l'époux propriétaire se trouvera en possession de titres qui établissent l'exis-

---

([1]) Renusson, *Traité des propres*, sect. IV et XIII. — Lebrun, *Des successions*, liv. II, ch. I, sect. I, n. 2. — Pothier, *Communauté*, n. 203.

tence de son droit de propriété ; mais si ces titres lui font
défaut, il pourra recourir à la preuve testimoniale. Ce mode
de preuve sera d'ailleurs le seul possible, lorsque l'époux voudra établir qu'il avait non la propriété, mais bien la possession légale de l'immeuble antérieurement au mariage.

Il s'agit là, en effet, d'établir l'existence d'un simple fait,
la preuve par témoins est donc la seule possible. On peut
même aller plus loin et considérer la preuve par simples
présomptions comme suffisante dans ce cas, ce moyen de
preuve étant, aux termes de l'art. 1353, recevable dans tous
les cas où la preuve testimoniale est admissible. Il faut enfin
décider que l'aveu émanant du conjoint de l'époux qui se prétend propriétaire est un moyen de preuve suffisant.

En ce qui concerne les meubles, la loi établit également
une présomption de faveur au profit de la communauté ; en
effet, tous les meubles des époux faisant partie de l'actif commun, il en résulte que ce n'est que tout à fait exceptionnelle-
ment que les époux conserveront la propriété de certains
meubles ; ce sera donc à l'époux qui veut reprendre un meuble comme lui appartenant en propre de prouver son droit
de propriété. Pas plus ici que lorsqu'il s'agit pour l'époux
d'établir que certains immeubles lui sont demeurés propres,
la loi n'a indiqué d'une manière précise quels sont les moyens
de preuve que peut invoquer le conjoint lorsqu'il veut exercer
la reprise du mobilier qui lui est demeuré propre, il y a donc
lieu, ici encore, d'employer, de même que lorsqu'il s'agit
d'immeubles, les moyens de preuve du droit commun.

Nous venons d'examiner ainsi quels sont les moyens de
preuve que les époux ont à leur disposition lorsque, ayant
adopté le régime de communauté légale, les époux voudront

exercer la reprise, soit de leurs immeubles, soit de leur mobilier propre ; il nous reste maintenant à étudier quelle sera leur situation sous le régime de la communauté réduite aux acquêts.

Sous le régime de la communauté réduite aux acquêts, il y a lieu de distinguer, ainsi que nous l'avons fait lorsqu'il s'agissait de la communauté légale, selon qu'il s'agit pour les époux d'exercer la reprise en nature de biens meubles ou d'immeubles.

Nous retrouvons ici la même présomption de faveur que le législateur à établie au profit de la communauté, sous le régime de la communauté légale ; ici encore tous les biens meubles et immeubles que les époux possèdent lors de la dissolution de la communauté sont réputés acquêts, c'est-à-dire biens de la communauté, cela entraîne donc pour l'époux qui veut reprendre un bien comme lui appartenant en propre, l'obligation de détruire, à l'aide de la preuve contraire, la présomption établie par la loi en faveur de la communauté.

Il n'y aura aucune difficulté lorsque l'époux voudra exercer la reprise d'un immeuble propre ; le législateur, en effet, pas plus lorsqu'il s'agit de la communauté réduite aux acquêts que de la communauté légale, n'a indiqué d'une manière spéciale les modes de preuve à fournir par l'époux qui veut exercer la reprise en nature d'un immeuble dont il prétend être propriétaire. De plus, comme aucun des textes qui régissent la communauté réduite aux acquêts ne semble en contradiction avec la règle de l'art. 1402, il convient de décider qu'en ce qui concerne la reprise en nature d'un immeuble propre, l'époux devra, pour prouver sa qualité de propriétaire, user des mêmes moyens de preuve que ceux que la loi a édictés lorsqu'il s'agit de la communauté légale.

Au contraire, sous le régime de la communauté réduite aux acquêts, le législateur a spécifié, lorsqu'il s'agit de la reprise en nature de meubles propres, quels sont les moyens de preuve qu'elle met à la disposition de l'époux qui veut exercer cette reprise.

Mais il convient, pour étudier quels sont les moyens de preuve, de distinguer d'une part, comment l'époux établira son droit de propriété lorsqu'il se trouvera placé soit vis-à-vis de son conjoint, soit vis-à-vis des tiers; et d'autre part, comment cette preuve se fera suivant qu'il s'agira d'un meuble appartenant déjà aux époux au moment du mariage, ou d'un meuble qui leur est échu au cours de leur union.

Aux termes de l'art. 1499 : « Si le mobilier existant lors du » mariage ou échu depuis n'a pas été constaté par inventaire » ou état en bonne forme, il est réputé acquêt ». Mais la loi, lorsque les conjoints voulant exercer la reprise en nature de leur mobilier propre se trouveront placés vis-à-vis l'un de l'autre, ne leur permet-elle pas de prouver leur qualité de propriétaire par d'autres moyens que ceux indiqués par l'art. 1499? Il y a lieu de distinguer, avant de répondre à la question, suivant qu'il s'agit du mobilier que les époux possédaient au jour du mariage, ou de celui qui leur est échu au cours du mariage.

Pour le mobilier dont l'un des époux prétend avoir été propriétaire au moment du mariage, trois opinions ont été émises au sujet des moyens de preuve dont peut user le conjoint qui veut reprendre un meuble comme lui appartenant en propre.

Dans une première opinion ([1]) la femme ou ses héritiers peuvent, à défaut d'inventaire et dans tous les cas où ce défaut préjudicie à la femme, user de moyens de preuve hors du droit commun. La femme, aussi bien lorsqu'il s'agit du mobilier qu'elle possédait au jour du mariage que de celui qui lui est échu depuis le mariage, peut en établir la consistance à l'aide de la preuve par témoins et même par la commune renommée. D'après cette même opinion, le mari ne jouit pas de la même faveur et ne peut établir la consistance de son mobilier qu'à l'aide d'un inventaire ou d'un état.

Dans un second système la femme, dit-on, pas plus que le mari ne peut user d'un autre moyen de preuve que celui qui est indiqué par l'article 1499. Si aux termes de l'article 1504 le législateur autorise la femme, à défaut d'inventaire, à user d'autres moyens de preuve pour établir la consistance du mobilier qui lui est échu au cours du mariage, et a soumis le mari seul à cette formalité, c'est que la femme étant placée sous l'autorité maritale, c'est plutôt au mari qu'à cette dernière qu'incombe la charge de faire dresser un inventaire ou un état du mobilier échu à la femme. Lorsqu'il s'agit, au contraire, du mobilier possédé par la femme au moment du mariage, comme à ce moment elle était absolument indépendante, elle est sans excuse de n'avoir pas rempli les formalités imposées par l'article 1499, elle ne saurait dès lors être autorisée à user d'autres moyens de preuve ([2]).

Enfin, d'après une troisième opinion, la femme, tout comme le mari, est assujettie à la règle de l'article 1499, et doit,

---

([1]) Toullier, XIII, n. 396.

([2]) Troplong, III, n. 1881 ; Odier, II, n. 692 ; Colmet de Santerre, VI, n. 162 *bis*, IV ; Laurent, XXIII, n. 173 ; Guillouard, III, n. 1884.

comme celui-ci, établir la consistance du mobilier qu'elle possédait au moment du mariage à l'aide d'un inventaire ou d'un état en forme. Mais il ne faudrait pas, ajoute-t-on, dans ce troisième système, aller jusqu'à dire que la règle de l'article 1499 est absolue et que la présomption établie par cet article, d'après laquelle tout le mobilier existant lors du mariage doit être réputé acquêt s'il n'a pas été constaté par inventaire ou état en bonne forme, ne peut pas être combattue par la preuve contraire. Dans notre ancien droit, nous dit Pothier (¹) : « Lorsqu'il n'y a aucun acte par lequel on puisse » justifier la quantité du mobilier que les conjoints ou l'un » des conjoints avaient lors du mariage, on en admet la » preuve par la commune renommée, on laisse à la discrétion » du juge à fixer sur les enquêtes faites de la commune » renommée, la quantité de ce mobilier ». De nos jours, on est d'accord en jurisprudence pour reconnaître que les époux et leurs héritiers peuvent, lorsqu'ils sont placés vis-à-vis l'un de l'autre, user, pour établir la consistance du mobilier qu'ils possédaient au moment du mariage, des moyens de preuve du droit commun (²).

Lorsqu'il s'agit, au contraire, pour les époux, d'établir la consistance du mobilier qui leur est échu au cours du mariage et qu'ils prétendent leur appartenir en propre, il y a lieu, en ce qui concerne les moyens de preuve mis par la loi à la disposition des conjoints, de distinguer entre le mari et la femme. Aux termes de l'art. 1504, la femme peut, à défaut d'inventaire, justifier de la consistance du mobilier

(¹) *Communauté*, n. 300.

(²) Bordeaux, 19 fév. 1856, D., 56. 3. 177. — Pau, 10 déc. 1858, D., 59. 2. 18. — Cass., 20 août 1884, D., 85. 1. 312. — Cass., 13 janv. 1890, D., 91. 1. 166.

à elle échu, soit par titres, soit par témoins et même par la commune renommée. La situation que le législateur fait ici à la femme s'explique par ce fait que la femme étant placée sous l'autorité de son mari, doit être considérée comme peu coupable de n'avoir pas fait dresser d'inventaire ; aussi le législateur admet-il la femme et ses héritiers à user de tous autres moyens de preuve, même de la commune renommée.

Il en est autrement en ce qui concerne le mari et la faveur que la loi accorde à la femme et qui est fondée sur son état d'indépendance n'a plus ici sa raison d'être ; aussi le mari ne peut-il établir la consistance du mobilier qui lui échoit au cours du mariage, soit par témoins, soit par commune renommée ; il ne faudrait cependant pas aller jusqu'à dire que le mari ne pourrait user d'aucun autre moyen de preuve que celui résultant d'un inventaire ou d'un état authentique, et on reconnaît généralement que tout titre propre à justifier de la consistance et de la valeur du mobilier échu au mari peut remplacer l'inventaire ou l'état [1].

En ce qui concerne les héritiers, on se demande s'il y a lieu de leur appliquer la même règle qu'au mari ; bien que la question ait été controversée, on est généralement d'accord aujourd'hui pour assimiler les héritiers du mari à ce dernier et imposer les mêmes moyens de preuve que ceux que la loi exige pour leur auteur [2].

Il nous reste maintenant à examiner comment les époux établiront à l'égard des tiers la consistance du mobilier qu'ils veulent reprendre comme propre ; il y a lieu ici encore de

[1] Cass., 14 mai 1879, D., 79. 1. 420.
[2] Limoges, 3 août 1860, D., 61. 2. 48.

distinguer, suivant qu'il s'agit du mobilier que les époux possédaient au moment du mariage ou de celui qui leur est échu depuis le mariage.

On est unanime en doctrine et en jurisprudence pour reconnaître que l'époux qui prétend exercer la reprise du mobilier lui appartenant au moment du mariage doit établir la consistance de ce mobilier à l'aide d'un inventaire ou d'un état authentique ([1]).

Pour le mobilier échu durant le mariage, on s'est demandé si l'inventaire ou l'état authentique était nécessaire à la femme lorsqu'elle veut établir à l'égard des tiers la consistance du mobilier qui lui est échu au cours du mariage, dans le cas où, par son contrat de mariage, elle se serait réservé « le » droit de reprendre les meubles qu'elle justifierait avoir » apportés par tous genres de preuve, même par la com- » mune renommée ». On a résolu la question de diverses façons : on décide, dans une première opinion, que la règle édictée par l'art. 1499 est formelle et que la femme ne pourrait se prévaloir d'une telle clause à l'égard des créanciers de la communauté pour reprendre le mobilier dont elle prétend avoir consacré la propriété ([2]).

Dans un second système, on décide, avec plus de raison, que lorsque la femme, dans son contrat de mariage, s'est réservé la faculté de justifier ses apports, même à l'égard des tiers, par toutes sortes de moyens de preuves, même par la commune renommée, comme on ne peut dire qu'une telle

---

([1]) Bellot des Minières, III, p. 27; Massé et Vergé sur Zachariæ, IV, § 655, note 12; Rodière et Pont, II, n. 1274. — Cass., 22 nov. 1886, S., 89. 1. 465.

([2]) Aubry et Rau, V, § 522, p. 457, texte et note 19. — Dijon, 14 août 1872, S., 72. 1. 132.

clause est illicite, on doit la considérer comme opposable aux
tiers, bien que dérogeant à l'art. 1499; mais il faut, pour
cela, que la clause ne présente pas le moindre doute et qu'il
soit bien spécifié que la femme s'est réservé la faculté d'user
de ce mode de preuve, même à l'égard des tiers (¹).

Lorsque la femme se trouvant en présence des créanciers
de la communauté veut exercer non plus la reprise en nature
mais bien la reprise de la valeur du mobilier qu'elle a apporté
lors de son mariage ou qui lui est échu au cours de la communauté, doit-elle fournir également un inventaire ou un état
authentique établissant la consistance de son apport?

Dans un arrêt du 16 janvier 1877 (²), la cour de cassation
avait jugé que même, lorsque la femme veut exercer la
reprise de son mobilier non en nature, mais qu'elle se borne
à en réclamer la valeur, elle doit en établir la consistance à
l'aide d'un inventaire ou d'un état authentique.

La cour de Dijon décida au contraire que lorsque la femme
exerce la reprise de son mobilier en valeur vis-à-vis des
créanciers de la communauté, elle n'est pas tenue de faire la
preuve par un inventaire ou un état authentique de la consistance des apports mobiliers dont elle ne prétend pas avoir
conservé la propriété *in specie,* mais dont elle demande seulement à reprendre la valeur (³). Dans ce cas, nous dit M. Bufnoir, en note de l'arrêt de la cour de Dijon, la preuve à faire
par la femme à l'égard des créanciers n'est pas soumise à
d'autres règles qu'à l'égard du mari. S'il s'agit par exemple
pour la femme d'exercer la reprise du prix d'immeubles à elle

(¹) Poitiers, 16 déc. 1868, D., 69. 2. 203.
(²) S., 77. 1. 169.
(³) Dijon, 4 fév. 1884, S., 85. 1. 25 et note de M. Bufnoir.

propres, aliénés au cours du mariage, il suffira à la femme de prouver que la vente a eu lieu après le mariage. Pour les valeurs mobilières échues à la femme au cours du mariage, la femme doit être déclarée recevable à en exercer la reprise en valeur même à l'égard des créanciers du mari en faillite, bien que la consistance de ce mobilier n'ait pas été justifiée par inventaire ou état en bonne forme, et il en serait de même, nous dit M. Bufnoir, si la question se présentait dans les mêmes termes pour le mobilier apporté par la femme lors du mariage.

L'arrêt de la cour de Dijon fut cassé par la cour suprême dans un arrêt du 22 novembre 1886(¹) qui déclare qu'à défaut d'inventaire ou d'état la présomption établie par les art. 1499 et 1510 qui fait réputer acquêt le mobilier existant lors du mariage ou advenu depuis, s'il n'est pas constaté par inventaire ou état authentique, est encore applicable lorsque la femme veut en exercer la reprise en valeur à l'encontre des créanciers du mari, spécialement en cas de faillite du mari.

C'est à tort, dit-on, que la cour de cassation impose cette formalité à la femme, la présomption qui fait considérer comme acquêt le mobilier non constaté par inventaire n'étant édictée que pour le cas où la femme agirait comme propriétaire pour exercer la reprise en nature du mobilier par elle apporté lors du mariage ou qui lui est échu au cours de la communauté. La cour de Caen, dans un arrêt du 24 mars 1890, abandonnant la jurisprudence consacrée par la cour de cassation dans son arrêt du 22 novembre 1886, et adoptant la thèse soutenue par M. Bufnoir, a jugé que dans l'hypothèse que nous envisageons, la femme qui agit comme créancière

(¹) S., 89. 1. 465 et note de M. Bufnoir.

invoquant son hypothéque légale, ou comme simple créancière chirographaire et réclame la valeur du mobilier à elle
échu pendant le mariage et non inventorié doit être admise
à faire preuve de la consistance de ce mobilier à l'encontre
des créanciers du mari par tous les moyens de preuve dont
elle pourrait user au regard de son mari (¹).

(¹) S., 90. 2. 134.

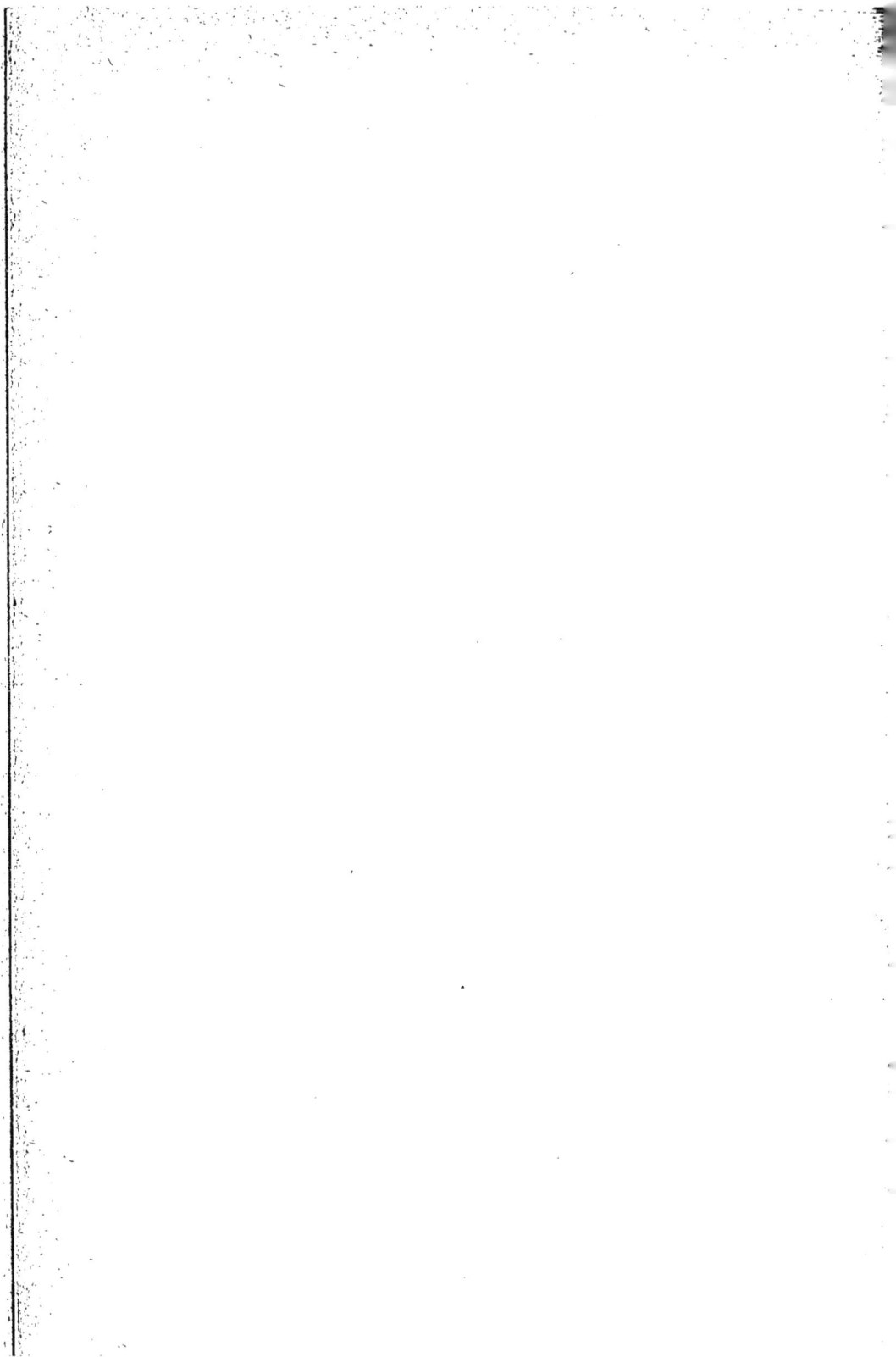

DEUXIÈME PARTIE

Reprises en valeurs et rapports

CHAPITRE PREMIER

DES CAS DANS LESQUELS IL EST DU RÉCOMPENSE

§ I. *Récompenses et indemnités dues par la communauté aux*
époux.

Lorsque le notaire liquidateur aura éliminé de la masse
des biens existant au moment de la dissolution, les biens qui
ne doivent pas faire partie de la masse partageable, parce
qu'ils sont demeurés la propriété exclusive de chacun des
conjoints, la masse ainsi obtenue ne représentera pas encore
l'actif net partageable. Il se peut, en effet, que la communauté
se soit enrichie aux dépens des époux, et en vertu de ce principe que nul ne doit s'enrichir aux dépens d'autrui, la communauté devra indemniser les conjoints de tout avantage
quelconque qu'elle aura retiré des biens propres de ces derniers ; elle sera débitrice d'une récompense à leur égard. Le
liquidateur va donc avoir à rechercher quels sont les cas dans
lesquels récompense sera due par la communauté aux époux.

La règle d'après laquelle la communauté doit récompense

à chacun des époux toutes les fois qu'elle s'enrichit à leurs
dépens n'est pas nouvelle. Elle était contenue dans l'art. 232
de la coutume de Paris ainsi conçu : « Si durant le mariage
» est vendu aucun héritage ou rente propre appartenant à
» l'un ou à l'autre des conjoints par mariage, ou si la dite
» rente est rachetée, le prix de la vente ou du rachat est re-
» pris sur les biens de la communauté au profit de celui à qui
» appartenait l'héritage ou rente, encore qu'en vendant n'eût
» été convenu du remploi ou récompense et qu'il n'y ait eu
» aucune déclaration sur ces faits ». Cet article fut également
inséré dans la coutume d'Orléans, art. 192.

Le motif de cette disposition était d'empêcher les conjoints
de s'avantager indirectement. Si la communauté n'avait pas
dû récompenser le conjoint propriétaire des propres dont elle
avait retiré un avantage quelconque, il en serait résulté indirectement un bénéfice pour l'autre conjoint, c'est ce qu'a voulu
empêcher l'art. 232 de la coutume de Paris. Et cette disposition, qui d'ailleurs n'était écrite que dans les coutumes prohi-
bant les avantages indirects entre époux, s'étendit peu à peu
à celles qui autorisaient de tels avantages ; ces coutumes exi-
geant que la volonté de faire de tels avantages fût nettement
exprimée pour qu'ils fussent possibles.

Les rédacteurs du code civil, bien qu'admettant la facilité
pour les époux de se faire des libéralités, consacrent le principe des récompenses mais en se fondant sur une raison
d'équité. D'abord, il est de toute justice qu'il y ait lieu à
récompense en faveur de l'un ou de l'autre des époux s'il a
enrichi le fonds commun en s'appauvrissant lui-même.

A un autre point de vue et en dehors des raisons d'équité
qui l'ont fait.admettre par les rédacteurs du code civil, la dis-

position de la loi imposant l'obligation aux récompenses a également pour but d'assurer l'irrévocabilité des conventions matrimoniales et de faire que les règles de la communauté ne soient pas faussées et détournées du but dans lequel elles ont été écrites.

Il faut que la communauté soit dissoute pour que les époux puissent réclamer le montant de leurs reprises. Il y a à cela plusieurs raisons, le fait pour les époux d'exercer leurs reprises constitue une opération de la liquidation, préliminaire au partage, il faut donc que ce droit au partage soit ouvert pour les époux ; or ce droit ne s'ouvre qu'à la dissolution de la communauté.

De plus, s'il s'agit de biens propres dont les époux ont conservé la propriété, ils ne seront pas fondés à les réclamer, puisque, tant que la communauté dure, celle-ci a sur ces biens un droit de jouissance auquel il ne saurait être porté atteinte. Lorsqu'il s'agit au contraire, de sommes et de créances qui sont entrées dans la communauté du chef des époux, ceux-ci n'en pourront pas davantage réclamer la restitution, puisque la communauté a sur ces sommes et ces créances un droit de quasi-usufruit. Enfin, l'exercice des actions en reprises suppose comme condition essentielle la liquidation de la communauté, et la liquidation des droits respectifs compétant au patrimoine propre de chacun des époux, car la liquidation fait seule apparaître ce qui est dû exactement à chacun des conjoints. Il se peut, en effet, que les actions en reprises exercées par les époux ne doivent pas l'être pour leur montant intégral. Si les époux sont créanciers de la communauté, ils peuvent en même temps être débiteurs de cette dernière pour les sommes que la communauté a pu

débourser dans leur intérêt. La balance que le liquidateur
doit établir du compte courant existant entre chacun des époux
et la communauté permettra seule d'établir ce qui reste dû
en définitive (¹).

Nous avons dit qu'en principe la communauté est redevable envers chacun des époux de tout enrichissement ou
avantage qu'elle s'est procuré aux dépens de leurs patrimoines personnels.

L'art. 1433 du code civil qui contient le principe fonda-
mental de la matière ne vise que le cas d'aliénation d'immeubles appartenant aux époux et le versement dans le fonds
commun du prix de rachat de services fonciers dus à ces
immeubles. Mais l'énumération de l'art. 1433 n'est nullement
limitative, et ce serait une erreur de croire qu'en dehors des
cas visés par cet article il n'y a pas d'autres causes de récompenses au profit des époux. On doit, par voie d'analogie,
appliquer aux récompenses dues aux époux ce que l'art. 1437
décide pour les récompenses par eux dues à la communauté
lorsque cet article dit : « Qu'il est généralement dû récom-
» pense à la communauté toutes les fois que l'un des époux a
» tiré un profit de cette dernière », et dire qu'il en est de
même pour le cas d'enrichissement procuré à la communauté
par les époux.

Ainsi donc, bien que l'art. 1433 ne nous parle que de la
vente d'un propre de l'un des époux, on peut dire que toute
aliénation de ses biens ayant procuré à la communauté un
avantage pécuniaire quelconque donne droit à indemnité
pour l'époux propriétaire de ces biens.

(¹) Aubry et Rau, V, § 511, p. 360, *Pand. franç.*, v° *Contrat de mariage*,
n. 6089. — Cass., 22 fév. 1893, D., 93. 1. 295.

Il en est ainsi si l'un des conjoints donne un héritage à lui propre pour prix de services fonciers appréciables en argent dus par la communauté ; il y a lieu, pour l'époux propriétaire, à récompense égale au prix de ces services.

Il y a lieu d'adopter la même solution et de décider que la communauté devra récompense à l'époux qui aura donné un meuble ou un immeuble propre en paiement d'une dette de la communauté. Il en résultera pour cette dernière un enrichissement équivalant au montant de la dette éteinte par l'effet de cette dation en paiement, et récompense égale sera due à l'époux propriétaire de l'immeuble donné en paiement (¹).

Récompense serait également due au conjoint qui aurait échangé un immeuble propre contre des objets mobiliers. Si au lieu d'échanger un immeuble contre des valeurs mobilières, l'un des époux, au cours de la communauté, échange un immeuble propre contre un autre immeuble d'une valeur moindre et qu'on lui donne une soulte comme supplément de valeur, la somme d'argent que recevra ainsi l'époux échangiste ne tombera dans la communauté que moyennant récompense. Il faut encore décider que récompense sera due par la communauté lorsque l'un des époux, à la suite d'une action en réméré, aura été obligé de délaisser un immeuble à lui propre, et qu'on lui aura restitué le prix de son acquisition, ce prix ne tombera dans l'actif commun que moyennant récompense.

Nous venons de voir qu'en principe, lorsque la communauté a perçu le prix d'aliénation d'un propre de l'un des

(¹) Colmet de Santerre, V, n. 78 *bis;* Laurent, XXII, n. 463 ; Aubry et Rau, V, § 511, p. 355.

époux, elle est tenue de récompense égale au prix qui est tombé dans la caisse commune. Si la question ne donne pas lieu à difficultés lorsque le prix d'aliénation est un capital ou une somme d'argent, il n'en est pas de même lorsque ce prix consiste en une rente. Il faut distinguer dans ce cas, selon que la rente fournie est une rente viagère ou perpétuelle. Dans le cas où le prix consiste en une rente perpétuelle, la question de récompense ne se pose pas, car, à la dissolution de la communauté, la rente perpétuelle remplace, dans le patrimoine de l'époux aliénateur, le propre aliéné. En ce qui concerne la rente viagère, les auteurs ne sont pas d'accord pour décider s'il est dû récompense et quel est le montant de la récompense due.

On décide dans une première opinion, que, lorsque l'un des époux a aliéné un immeuble propre moyennant une rente viagère et que la communauté a perçu les arrérages de ladite rente, elle ne doit aucune récompense à l'époux aliénateur, car les arrérages sont une espèce de biens qui doivent tomber dans l'actif commun sans aucune récompense (¹).

Dans une seconde opinion, au contraire, on considère que la communauté doit à l'époux aliénateur récompense équivalente au profit qu'elle a retiré de la substitution de la rente au bien propre qui a été aliéné. Il n'y a pas à s'attacher à la nature particulière de l'objet qui sert de prix de vente, et décider, ainsi que le font MM. Rodière et Pont, que les arrérages perçus par la communauté ne donnent lieu à aucune récompense, parce qu'il est de leur nature qu'ils tombent dans l'actif de la communauté. De plus, on ne peut dire que la

(¹) Rodière et Pont, II, 94.

communauté doit percevoir les arrérages de la rente viagère sans récompense, sous prétexte que ces arrérages ne
représentent que les intérêts d'un capital dont la communauté a la jouissance ; les arrérages comprennent en effet à
la fois l'intérêt du capital et une partie de ce même capital
qui est ainsi restitué par fractions à l'époux aliénateur. Il en
résulte donc, pour la communauté, un enrichissement dont
elle devra tenir compte à l'époux aliénateur. La communauté sous forme d'arrérages a perçu une partie du prix de
l'immeuble aliéné, elle est donc tenue de la restituer à
l'époux aliénateur, si celui-ci survit à la dissolution de la communauté ; si, au contraire celui-ci était mort avant que la
communauté ne fût dissoute, ses héritiers n'auraient droit à
aucune récompense (¹). De même si la rente viagère, au lieu
d'être constituée sur la tête de l'époux aliénateur, l'avait été
par celui-ci sur la tête d'un tiers ; si le tiers survit à la dissolution de la communauté, les héritiers de l'époux qui a
constitué la rente auront droit à récompense ; ils n'y auront
aucun droit au contraire, si le tiers est mort avant la dissolution de la communauté.

Si au cours de la communauté on a intenté contre l'un des
époux une action en rescision, par exemple l'action en rescision pour lésion de plus des sept douzièmes, et qu'à la suite
de cette action en rescision l'un des époux soit obligé de restituer un immeuble qui lui appartenait en propre, et de
reprendre le prix qu'il avait versé pour l'acquisition de cet
immeuble, le prix tombera-t-il dans l'actif commun ou bien

(¹) Pothier, 594 ; Troplong, II, 1096 ; Demante et Colmet de Santerre, IV,
n. 78 bis, XI ; Laurent, XXII, 466-467 ; Aubry et Rau, V, § 511, texte et note 4,
p. 352-353. — Bordeaux, 17 déc. S., 1873, 1874, 11, p. 213.

n'y tombera-t-il qu'à charge de récompense ? D'après Pothier (¹), par l'effet de la rescision l'époux est censé n'avoir
jamais été propriétaire, et l'abandon qu'il fait de l'immeuble
propre à la suite de l'action en rescision, ne saurait être considéré comme une aliénation, par suite, la somme qui lui
serait rendue ne pourrait pas davantage passer pour le prix
de son propre. Il a seulement un droit à la répétition de la
somme d'argent qu'il avait payée en vertu d'un contrat entaché de nullité, et la créance de cette somme d'argent doit
tomber dans l'actif commun en sa qualité de valeur mobilière.

On répond avec plus de raison à ce système en disant que,
au moment du mariage, et avant que l'action en rescision n'ait
été intentée, le bien qui a été restitué à la suite de cette
action était un bien propre ; et l'action en rescision n'empê-
che pas que la somme d'argent restituée à l'époux propriétaire du propre, ne soit le prix d'un droit réel immobilier qui
ne tombe alors dans la communauté qu'à charge de récompense.

Il faudrait décider de même, dans l'hypothèse inverse de
celle que nous venons d'envisager, où l'immeuble propre à
l'un des époux ayant été vendu antérieurement au mariage
et l'acquéreur ayant été poursuivi par lui en rescision pour
cause de lésion, a payé le supplément du juste prix. Le supplément de prix représenté ici par l'action rescisoire, qui de
sa nature est immobilière, suit la condition de cette action et
doit demeurer dans le patrimoine de l'époux auquel appartient cette action ; il y a donc lieu de décider que si ce prix
est versé dans la communauté, celle-ci en doit récompense.

(¹) Pothier, 558.

Dans tous ces cas, bien qu'il ne s'agisse pas, à proprement parler, d'une véritable aliénation, il y a cependant toujours au moins une aliénation partielle d'un immeuble propre. La communauté est ici débitrice d'une récompense, parce qu'elle a perçu des sommes qui, représentant des biens propres, ne doivent pas plus entrer en communauté que les immeubles qu'elles représentent.

On pourrait encore faire rentrer dans la même catégorie le cas où une indemnité a été payée par une Compagnie d'assurances à la suite d'un sinistre ayant détruit un immeuble propre, et celui où la communauté aura perçu des dommages-intérêts accordés à l'un des époux à l'occasion d'un propre.

Dans les hypothèses que nous allons envisager maintenant, la cause de la récompense n'est plus l'aliénation, la communauté devra ici récompense parce qu'elle aura retiré des propres des époux plus qu'elle ne doit en sa qualité d'usufruitière des propres.

En principe la communauté doit, aux termes de l'art. 1403, percevoir les produits des coupes des bois faites sur le patrimoine propre des époux, c'est la conséquence de sa qualité d'usufruitière.

Cependant la communauté sera débitrice des époux lorsque des coupes de bois auront été faites sur le patrimoine propre de l'un d'eux, à des époques où elles n'auraient pas régulièrement dû être faites. Mais il faut, pour que la communauté soit débitrice d'une récompense dans ce cas, qu'il soit résulté pour elle un enrichissement des coupes de bois indûment faites. Si on suppose que des coupes de bois ont été faites deux ans avant qu'elles n'auraient dû l'être, il n'est pas toujours vrai de dire que la communauté devra récompense.

Il faudra, pour savoir si le fonds commun s'est enrichi aux dépens de l'un des époux, envisager l'époque à laquelle la communauté a pris fin. Si elle prend fin plus de deux ans après que la coupe prématurée a été faite, elle ne sera pas tenue à récompense, car elle eût perçu les produits de la coupe, même en attendant le moment où elle aurait régulièrement dû être faite. De plus, au lieu de laisser un bois taillis récemment coupé, elle laisse un bois qui a plus de deux ans, d'où avantage pour l'époux propriétaire du fonds qui pourrait peut-être, dans ce cas, être tenu de récompense envers la communauté.

Il se pourra en sens inverse, que la communauté soit tenue d'une récompense pour avoir non point devancé mais retardé la coupe d'un bois, et avoir laissé un bois âgé d'un an par exemple, alors qu'il eût été de trois années si la coupe avait été faite en temps voulu [1].

La communauté n'aurait également pas droit aux produits d'une carrière qui aurait été ouverte sur le fonds de l'un des époux au cours du mariage. On ne peut en effet considérer les produits d'une carrière comme étant des fruits, la communauté qui aura perçu ces produits en devra récompense [2].

En ce qui concerne les mines, il y a une distinction à faire, il faut, pour pouvoir exploiter une mine, que la concession en ait été accordée par l'Etat. Or, par l'acte de concession, la mine devient une propriété immobilière nouvelle absolument distincte de celle de la surface, et l'indemnité qui est accordée au propriétaire de la surface, représentant la valeur du tréfonds, constitue un droit immobilier qui demeure propre à

[1] Duranton, XIV, n. 337; Rodière et Pont, II, 945 ; Laurent, XXII, 465.
[2] Aubry et Rau, V, § 511, p. 353.

l'époux propriétaire de la surface. Il faut, pour décider si la communauté sera tenue ou non de récompense, lorsqu'elle aura perçu les revenus d'une mine se trouvant dans le fonds propre de l'un des époux, distinguer d'une part, si la concession a été antérieure ou postérieure au mariage, et d'autre part, si la concession a été accordée à l'époux propriétaire de la mine ou à un tiers.

Supposons que la concession soit antérieure au mariage, et que le concessionnaire soit l'époux propriétaire de la surface, dans ce cas la communauté a la jouissance de la mine et le minerai appartient à la communauté comme les fruits d'un propre.

Si la mine est concédée à un tiers, la redevance accordée à l'époux propriétaire de la surface est un droit immobilier qui ne tombe pas dans la communauté, mais les arrérages tomberont dans la communauté qui ne sera tenue à aucune récompense, car ils représentent les produits de la mine auxquels, nous venons de le voir, la communauté a droit.

Si, au contraire, la concession de la mine est postérieure au mariage et que la concession soit accordée à l'époux propriétaire de la mine, celle-ci tombe dans l'actif commun, de même que les produits, qui sont perçus par la communauté sans récompense. Si enfin le concessionnaire de la mine est un étranger, la communauté n'a de droit ni aux produits de la mine, ni à la redevance, et si elle en perçoit les arrérages elle sera tenue à récompense.

Les aliénations de démembrement de la propriété, telles que le rachat de servitudes actives dues à un immeuble propre, ne tombent également dans la communauté que moyennant récompense du prix de rachat.

L'indemnité accordée au cours du mariage à l'époux qui aurait été victime d'un accident tombera-t-elle définitivement dans la communauté, ou n'y sera-t-elle versée qu'à charge de récompense? Un premier système considère l'indemnité accordée en ce cas comme un capital mobilier qui doit tomber dans l'actif commun, comme tous les meubles, à moins qu'ils ne soient la représentation d'un propre. L'indemnité ainsi accordée, a été donnée pour réparer le préjudice matériel résultant de l'accident. L'époux victime de l'accident, est ainsi indemnisé du préjudice que lui a causé l'incapacité de travail. Or, le gain qu'il aurait réalisé, a-t-on dit, serait tombé dans l'actif commun, l'indemnité représentative de ce gain doit y tomber également.

On peut répondre à ce système en disant : L'indemnité peut être considérée comme la représentation du travail de l'époux, ce travail étant considéré comme capital. Mais ce capital-travail, est une valeur qui demeure personnelle à l'époux, et si à la dissolution de la communauté cette valeur est représentée par une indemnité, on doit dire qu'elle sera reprise comme si elle existait en nature.

Une question un peu analogue s'est posée au sujet de l'indemnité pécuniaire que le complice d'une femme adultère peut être condamné à payer au mari. La cour de cassation, dans un arrêt du 5 février 1873 ([1]), a décidé que l'indemnité ainsi touchée par le mari lui demeurerait propre. Il est vrai, dit-on, que celui-ci ne peut invoquer aucun texte pour exercer une telle reprise. Mais l'honneur du mari, son droit de faire respecter la foi conjugale constituent le plus personnel et le plus précieux de ses biens; la réparation qu'il obtient

([1]) D., 1873, I, p. 209.

pour l'outrage fait à son honneur a donc, au plus haut degré, le caractère d'une créance propre et ne saurait constituer un profit pour la communauté. A cela on a répondu (Dalloz en note de l'arrêt précité), que si l'honneur marital est chose essentiellement personnelle, il en est de même de la considération dont jouit le mari, de l'amitié dont il est l'objet, et la communauté bénéficie des avantages pécuniaires que ces divers titres personnels ont procurés à l'époux. De plus, l'honneur est chose hors du commerce et ne saurait être évalué en argent. La réparation obtenue représente non pas le prix de l'honneur du mari mais la réparation du préjudice moral et matériel qui lui a été causé, c'est la communauté qui, en définitive, supporte l'intégralité de ce préjudice. La déconsidération qui frappe le mari et restreint le libre développement de ses facultés atteint donc la communauté en la privant des bénéfices qu'il aurait réalisés ; il est juste, dit-on, que celle-ci reçoive la compensation allouée au mari pour les pertes qu'elle va subir. Malgré les arguments invoqués, cette manière de voir doit être rejetée, car si on adoptait ce système, on arriverait, en faisant entrer dans l'actif commun l'indemnité accordée au mari, à faire profiter indirectement la femme des conséquences de sa faute ; il est donc préférable, ainsi que l'a fait la cour suprême, de décider que le mari devra garder comme propres des dommages-intérêts qui lui sont certainement personnels.

On s'est demandé si les bénéfices provenant pour l'un des époux de jeux ou de paris tombaient dans l'actif commun, ou bien s'ils donnaient lieu à récompense.

Sous le régime de la communauté légale, on est unanimement d'accord pour décider que tous les gains provenant de jeux et de paris font partie de l'actif de la communauté, sans qu'il y ait lieu de rechercher si les gains ainsi réalisés ne sont pas dus plutôt à l'industrie de l'époux qui a réalisé le gain, qu'au simple hasard. Sous le régime de la communauté réduite aux acquêts au contraire, l'accord est loin d'être établi entre les auteurs. Pour certains auteurs ([1]), la communauté sera tenue à récompense, lorsqu'elle aura perçu les gains réalisés par l'un des époux. Les produits du jeu ou de paris, dit-on, sont un effet du pur hasard, un pur don de fortune, il serait inexact de les considérer comme le fruit du travail ou de l'industrie de l'un des époux, car le fait de jouer ou de faire un pari ne saurait être considéré comme un travail.

Dans une seconde opinion, on répond que la communauté ne doit aucune récompense lorsqu'elle a perçu les gains réalisés au jeu par l'un des époux. Il serait injuste, dit-on, de priver la communauté des bénéfices du jeu ou du pari alors qu'elle est tenue de payer les dettes du joueur malheureux ([2]).

De plus, peut-on dire, dans les jeux de hasard, l'habileté du joueur et la science des combinaisons sont un élément de succès pour le joueur; la communauté aura aussi la plupart du temps fourni les enjeux; c'est donc elle qui doit en profiter, elle ne doit donc aucune récompense ([3]).

Il en est de même des spéculations connues sous le nom de marchés à termes et des bénéfices par elles réalisés, ils tombent également dans l'actif commun sans récompense.

([1]) Marcadé, art. 1498-1499, n. 2; Rodière et Pont, II, n. 1248; Laurent, XXIII; n. 134.

([2]) Aubry et Rau, V, § 522, texte et note 8; Demante et Colmet de Santerre, VI, n. 161 bis, V; Huc, IX, 434 in fine; Fuzier-Herman, Communauté, n. 2534.

([3]) Troplong, III, n. 1872.

Il n'y a plus aujourd'hui le moindre doute en ce qui concerne ces marchés ; on doit-on les considérer comme de véritables opérations commerciales dont les produits doivent en
cette qualité tomber dans l'actif de la communauté. En effet,
au termes de l'art. 1 de la loi du 28 mars 1885 : « Tous mar-
» chés à terme sur effets publics et autres, tous marchés à
» livrer sur denrées et marchandises sont reconnus légaux.
» Nul ne peut, pour se soustraire aux obligations qui en résul-
» tent, se prévaloir de l'art. 1695 du code civil, lors même
» qu'ils se résoudraient par le paiement d'une simple diffé-
» rence ». Mais alors même que la loi ne les considèrerait
pas comme de véritables opérations commerciales, on devrait
adopter la même solution, et décider que les produits réalisés par ces opérations devraient tomber dans l'actif commun,
l'habileté des gens qui se livrent à ces opérations et l'habitude
qu'ils ont de ces sortes d'affaires pouvant les faire en quelque
sorte considérer comme étant le produit de l'industrie des
époux.

Pour les gains faits dans une loterie, on est d'accord pour
reconnaître que sous la communauté légale, ils doivent tomber dans l'actif commun, la question de récompense ne se
posera pas ici ; c'est lorsqu'il s'agit d'une communauté réduite
aux acquêts, qu'il y a divergence dans les idées, pour savoir si
les lots demeurent propres à l'époux propriétaire du billet,
ou doivent au contraire tomber dans l'actif commun. Pothier [1]
en faisait un pur don de fortune qui devait, comme tel, être
exclu de la communauté, à moins qu'il ne fût prouvé que le
billet aurait été acquis des deniers communs.

[1] *Communauté*, p. 323.

De nos jours, il faut distinguer suivant que l'époux propriétaire du billet gagnant, le possédait antérieurement au mariage, ou bien s'il l'avait recueilli dans une succession à lui
échue au cours de la communauté, ou s'il lui avait été donné
également durant la communauté. Dans tous ces cas le lot
résultant du tirage de la loterie devrait être attribué en propre à l'époux propriétaire du billet ; donc la communauté qui
aurait perçu le lot en devrait récompense. Si, au contraire,
le billet avait été acquis des deniers de la communauté, le lot
devrait tomber dans l'actif commun (¹).

Une question analogue se présente pour les valeurs dites
à lots qui sont propres à l'un des conjoints. Ces valeurs sont
remboursées au moyen de tirages avec primes, il en est ainsi
des obligations émises par certaines compagnies de finances,
telles que le Crédit foncier et les valeurs de certaines villes ou
gouvernements. Sous le régime de la communauté légale, pas
la moindre difficulté ; les lots résultant du tirage de ces obligations tombent certainement dans l'actif commun. C'est lorsqu'il s'agit d'une communauté réduite aux acquêts qu'il y a
des hésitations lorsqu'une obligation propre à l'un des époux
est sortie en gagnant un lot. Ce lot va-t-il demeurer propre à
l'époux propriétaire du lot et la communauté en devra-t-elle
récompense si elle l'a perçu ; ou bien, au contraire, ce lot
tombera-t-il dans l'actif commun ?

Bien que l'on ait prétendu, que le lot doit tomber dans la
communauté, parce qu'il est formé des retenues exercées sur
les intérêts de ces obligations, intérêts que la communauté

(¹) Demante et Colmet de Santerre, VI, n. 161 *bis;* Aubry et Rau, V, § 522,
p. 449; Fuzier-Herman, *Communauté*, n. 2535. — Trib. de Nantes, 16 juil 1899,
S., 91. 2. 71 ; Baudry-Lacantinerie, Le Courtois et Surville, II, n. 1285.

aurait dû percevoir en sa qualité d'usufruitière des biens
propres, il vaut mieux ne pas considérer le lot comme un
fruit de l'obligation. Le conjoint qui a consenti une diminu-
tion des intérêts que son obligation devait rapporter norma-
lement, était parfaitement dans son droit en consentant une
réduction qui pouvait lui donner l'espoir de gagner un capital
plus important, et lorsque le hasard lui permet de voir se
réaliser ses espérances, c'est lui seul qui doit profiter de cet
heureux événement; si la communauté avait perçu le montant de la prime ou du lot, elle devrait donc récompense de
pareille somme à l'époux propriétaire de la valeur rem-
boursée (¹).

On considère enfin la femme comme créancière d'une
récompense, lorsqu'il résulte pour elle un préjudice quelconque de la mauvaise administration de ses biens propres.

Après avoir examiné les principaux cas dans lesquels la
communauté peut se trouver débitrice à l'égard des conjoints,
nous allons, dans la deuxième section de ce chapitre, étudier
l'hypothèse inverse, c'est-à-dire les cas dans lesquels ce sont
les conjoints qui sont débiteurs de la communauté.

§ II. *Récompenses dues par les époux à la communauté.*

Aux termes de l'art. 1468 C. civ., les époux ou leurs héritiers rapportent à la masse des biens existants tout ce dont
ils sont débiteurs envers la communauté à titre de récompense
ou d'indemnité.

Le liquidateur va donc avoir à se demander quels sont les
cas dans lesquels la communauté aura droit à récompense de

(¹) Cass., 14 mars 1877, S., 78. 1. 5.

la part des époux. Le principe qui gouverne cette matière se trouve dans l'art. 1437, d'après lequel, la communauté aura droit à récompense quand il y aura préjudice par elle subi, et quand il y aura bénéfice réalisé par les conjoints.

Deux conditions sont donc requises : il faut d'abord que l'un des époux ait réalisé un gain, et qu'en même temps la communauté ait souffert un préjudice. Mais ces deux conditions ne sont pas suffisantes ; il est évident que si le bénéfice procuré aux époux est indépendant de toute dépense faite par la communauté, et réciproquement si le dommage causé à la communauté n'a pas la moindre corrélation avec le gain fait par l'un des époux, il ne saurait être question d'indemnité pour la communauté. Il faut qu'il y ait entre ces deux conditions une relation de causalité ; le bénéfice procuré aux époux doit avoir sa cause dans le préjudice souffert par la communauté et réciproquement.

On s'explique facilement pourquoi il en doit être ainsi ; lors, en effet, que l'un des conjoints s'enrichit aux dépens de la communauté, il s'enrichit aux dépens de son conjoint ; car, dans la société conjugale comme dans toute autre société, les pertes subies rejaillissent sur les associés, et lorsque l'un d'eux puise pour ses besoins dans le patrimoine commun, celui-ci se trouve amoindri d'autant. Si donc, l'époux qui a ainsi puisé dans la caisse commune ne rapportait pas ce qu'il a pris, il en résulterait une perte pour son conjoint. Le rapport à la masse, a pour but de rétablir l'équilibre et de faire disparaître l'injustice qui pourrait résulter d'un tel état de choses ; c'est donc en vertu de ce principe, que nul ne doit s'enrichir aux dépens d'autrui, que la loi oblige chacun des conjoints à rapporter ce qu'il doit à la masse commune.

Pothier (¹) nous indique le principe dont s'est inspiré l'art. 1437 : « Toutes les fois que l'un ou l'autre des conjoints s'est enrichi aux dépens de la communauté, il lui en doit récompense ».

Mais cette règle n'est pas sans exceptions ; on en trouve une première qui est implicitement contenue dans le premier alinéa de l'art. 1409 qui s'exprime en ces termes : « La com- » munauté se compose passivement de toutes les dettes mobi- » lières dont les époux étaient grevés au jour de la célébra- » tion de leur mariage ou dont se trouvent chargées les suc- » cessions qui leur échoient durant le mariage, sauf la récom- » pense pour celles relatives aux immeubles propres à l'un ou » à l'autre des époux ».

Il résulte donc des derniers mots du premier alinéa de l'article 1409 que les dettes mobilières des époux concernant les immeubles propres à chacun d'eux, ne sont à la charge de la communauté que moyennant récompense pour cette dernière. Pothier nous dit de même que toutes les dettes mobilières dont les conjoints se trouvent débiteurs au moment où ils contractent mariage sont une charge de la communauté, mais lorsque les dettes mobilières ont pour cause le prix d'un propre de l'un ou de l'autre des conjoints, récompense en est due à la communauté.

Dans notre ancien droit, Lebrun rejetait cette opinion comme contraire à l'équité. « En effet, dit-il, si au moment » du mariage l'un des conjoints a vendu un immeuble et que » le prix en soit dû, cette créance tombera dans l'actif com- » mun ». La logique et l'équité semblent donc exiger que

(¹) Pothier, *Communauté*, p. 613.

» lorsque les deniers communs ont servi à payer l'acquisition
» d'un immeuble propre à l'un des conjoints aucune récom-
» pense ne soit due à la communauté » (¹).

De nos jours, l'accord est complet dans la doctrine et la
jurisprudence, pour reconnaître que toutes les dettes mobilières des époux, relatives à des immeubles à eux propres,
donnent droit à récompense à la communauté qui les aurait
acquittées.

La communauté aurait également droit à récompense, si
elle avait fourni à l'un des conjoints les deniers nécessaires
non plus pour lui permettre d'acquérir un immeuble, mais
pour lui donner le moyen de recouvrer la propriété d'un
immeuble propre qu'il aurait aliéné avec faculté de rachat au
moment du mariage. Le prix ou la portion de prix que
l'époux aliénateur avait reçu pour la vente de son immeuble
et qu'il est obligé de restituer est bien une charge de la communauté, car c'est une dette de somme d'argent, mais l'époux
en devra récompense à la communauté, car c'est une dette
relative à un de ses propres (²).

On doit assimiler au prix d'une vente d'immeubles et déclarer créancière d'une récompense la communauté qui a payé
en l'acquit d'un des conjoints la soulte due par celui-ci à
raison d'un partage d'immeubles dans lequel il a été partie.
Le paiement de cette soulte procure, en effet, au conjoint qui
en était débiteur l'acquisition d'un immeuble qui lui demeurera propre, il s'ensuivra donc un enrichissement pour le
patrimoine de l'époux qui devait la soulte; la communauté
qui lui aura donné le moyen de s'enrichir, aura donc droit à

(¹) Lebrun, *De la communauté*, liv. I, ch. V, sect. 1, texte 1, n. 20, 21.
(²) Guillouard, *Contrat de mariage*, II, n. 614.

une récompense équivalente au montant de la soulte payée.

Mais il se peut que le prix d'acquisition d'un immeuble propre à l'un des conjoints payé des deniers communs consiste non en un capital mais en rente ; la communauté qui a payé les arrérages de la rente est elle créancière d'une récompense ? Il faut, pour répondre à la question, distinguer selon qu'il s'agit d'une rente viagère ou d'une rente perpétuelle. Lorsque le prix de l'acquisition d'un immeuble propre consiste en une rente perpétuelle et que les arrérages de cette rente auront été acquittés des deniers communs, la communauté n'aura aucun droit à récompense ; on applique ici le troisième alinéa de l'article 1409 aux termes duquel la communauté est tenue sans récompense du paiement de ces arrérages, les arrérages de ces rentes rentrant dans le passif de la communauté (¹).

En sera-t-il de même si le prix d'acquisition consiste en une rente viagère, et la communauté sera-t-elle tenue, sans avoir aucun droit à récompense, d'en payer les arrérages ? On a quelquefois répondu que dans ce cas la communauté n'avait droit à aucune récompense, et on invoque encore à l'appui de cette manière de voir l'art. 1409-3° ; la dette du prix consistant en une rente est, dit-on, une dette personnelle de l'époux débiteur de la rente, la communauté en doit les arrérages. Nous déciderons cependant que comme il s'agit ici d'une dette relative à un propre de l'un des époux, la communauté qui aura acquitté les arrérages de la rente viagère aura droit à récompense aux termes du premier alinéa de l'art. 1409 (²). Mais il faudra, pour qu'il y ait lieu à récompense, que la rente

(¹) Guillouard, II, n. 613. — Cass., 5 août 1878, D., 79. 1. 71.
(²) Aubry et Rau, V, § 508, texte et note 26, p. 322 ; Laurent, XXI, n. 421.

payée des deniers communs dépasse les revenus de l'immeuble au sujet duquel la rente est fournie : « Attendu, dit un
» arrêt de la cour cassation, que lorsque la rente viagère ne
» dépasse pas le revenu de l'immeuble acquis à titre de
» propre par l'un des époux, elle ne représente pour aucune
» fraction le prix de cet immeuble en capital, et elle constitue
» une simple charge des fruits, dont la communauté est léga-
» lement tenue pour le tout comme des intérêts des autres
» dettes personnelles de chaque époux » (¹).

Les cas que nous venons d'examiner ne sont pas les seuls
qui donnent droit à récompense au profit de la communauté ;
jusqu'ici la communauté avait droit à récompense pour avoir
augmenté le patrimoine propre des conjoints en y faisant
entrer de nouveaux biens. Dans les hypothèses que nous
allons envisager maintenant, la récompense aura sa cause non
plus dans une acquisition ayant profité exclusivement à l'un
des conjoints, mais bien dans des augmentations de valeur
procurées au patrimoine propre existant déjà. Il faut en principe, pour que récompense soit due, qu'un accroissement de
valeur soit résulté pour l'immeuble propre, des dépenses
payées par la communauté. Il n'y aura donc pas lieu à récompense si la dépense faite a seulement rendu plus productif le
fonds propre à l'un des conjoints.

Supposons, par exemple, que la communauté ait acquitté
des frais de semences ou de culture d'un immeuble propre
à l'un des conjoints, les frais doivent incomber à la communauté, qui, en sa qualité d'usufruitière des biens propres des
époux, est tenue de ces impenses ; de plus, la caisse commune
bénéficiera de l'accroissement dans la production, car les

(¹) Cass., 8 sept. 1874, S., 75. 1, p. 209.

fruits sont des choses mobilières tombant dans la communauté qui retrouve ainsi la contre-valeur de ses déboursés.

Les frais de culture et d'ensemencement ne doivent pas être, pour la communauté, la source d'une récompense pour cette seconde raison qu'il n'en résultera pour l'époux propriétaire du fonds aucun enrichissement. On pourrait cependant se demander si, lorsque l'époux survivant ou ses héritiers trouvent le propre ensemencé au moment où la communauté est dissoute, ils ne doivent pas récompense des frais de culture et d'ensemencement. On est généralement d'accord pour décider que, dans ce cas, on ne saurait appliquer à l'époux propriétaire du fonds ensemencé ce que l'art. 585 décide pour le nu propriétaire au moment où l'usufruit est éteint et que la communauté doit être indemnisée des frais de labour et d'ensemencement ([1]).

Il y a lieu d'adopter la même solution en ce qui concerne les impenses d'entretien que la communauté doit supporter sans récompense.

La communauté n'étant créancière d'une récompense que lorsque ses déboursés ont procuré un enrichissement à l'époux en faveur duquel ils ont été faits, il faut, pour que la dette relative à un immeuble propre de l'un des conjoints soit pour la communauté la source d'une récompense, que cet immeuble existe encore dans le patrimoine de l'époux au moment où le mariage est contracté. Si l'immeuble a été vendu antérieurement au mariage, il ne sera plus vrai de dire qu'il s'agit d'une dette relative à un propre. « Lorsqu'un immeu-

([1]) Bellot des Minières, I, p. 238 ; Battur, n. 194 ; Odier, I, p. 95 ; Rodière et Pont, I, n. 475. — Limoges, 31 août 1863, S., 64. 2. 204.

» ble a été vendu, dit M. Colmet de Santerre, il n'y a plus de
» raison pour créer l'obligation de récompense, car la dette
» ne représenterait pas une valeur propre, un bien apparte-
» nant encore à l'époux au moment où la communauté est ou
» peut être poursuivie ; elle représenterait une valeur dissi-
» pée par l'époux avant son mariage ; et, de même que la
» communauté paie sans récompense les sommes qui ont été,
» avant le mariage, empruntées et dissipées, elle doit payer
» sans récompense le prix d'un immeuble qui a lui-même
» avant le mariage cessé d'appartenir à l'époux » (¹).

En ce qui concerne les dettes hypothécaires de l'un des
époux, il y a lieu de distinguer pour savoir si de telles charges, acquittées de deniers communs, seront pour la communauté la source d'une récompense.

Lorsque l'époux propriétaire de l'immeuble hypothéqué
n'est tenu qu'hypothécairement sans l'être personnellement,
si la communauté a acquitté cette dette hypothécaire pour
éviter l'expropriation de l'immeuble hypothéqué, elle aura
droit à récompense, car une telle dette ne peut entrer en
communauté. Ainsi que le dit M. Laurent : « L'époux n'est
» pas ici débiteur personnel, c'est la chose qui est grevée, ce
» n'est pas la personne... le créancier n'a pas le droit de
» poursuivre la communauté, son action est dirigée contre
» l'immeuble et la communauté n'est pas propriétaire ; c'est
» l'époux qui reste propriétaire, c'est lui qui est exproprié
» par l'action hypothécaire. Si donc la communauté payait
» la dette afin d'éviter l'expropriation, elle aurait une récom-
» pense contre l'époux » (²).

(¹) Colmet de Santerre, VI, n. 41 *bis*, VI, p. 104.
(²) Laurent, XXI, n. 405.

On comprend qu'il en soit ainsi, car en acquittant une telle dette, la communauté libère le bien grevé dont la valeur se trouve accrue donc avantage pour l'époux propriétaire, et partant récompense sera due à la communauté qui lui procure un tel bénéfice. Au contraire, lorsque la dette acquittée des deniers communs est une dette purement personnelle, il ne saurait être question de récompenses puisque la communauté est tenue d'acquitter de telles dettes.

Si au lieu de charges hypothécaires l'immeuble propre était grevé de servitudes réelles et que la communauté en ait payé le rachat, elle aura droit à récompense car, par l'effet du rachat, la valeur de l'immeuble augmente, et l'époux propriétaire s'enrichissant aux dépens du fonds commun doit l'indemniser de ses déboursés. Il y aurait lieu de décider de même si, au lieu de servir à dégrever l'immeuble de servitudes passives, les deniers communs avaient servi à l'acquisition de servitudes actives au profit de l'immeuble propre.

Mais que décider si au lieu de servitudes réelles l'immeuble propre se trouve grevé de servitudes personnelles, telles qu'un droit d'usufruit par exemple, et que ce droit ait été racheté des deniers communs? La question était autrefois controversée et Pothier (¹) était d'avis que pour savoir s'il y avait lieu à récompense, il fallait faire une distinction : Si le tiers qui a sur l'immeuble propre de l'un des époux un droit d'usufruit survit à la dissolution de la communauté, celle-ci aura droit à récompense; dans le cas contraire, la communauté a perçu les revenus de l'héritage comme contre-

(¹) *Traité de la communauté*, n. 639.

Le Thieur   5

valeur de ses déboursés, elle a profité des revenus de l'immeuble dégrevé, elle ne saurait donc avoir droit à récompense.

De nos jours, dans l'opinion des auteurs, la communauté
qui achète l'usufruit grevant l'immeuble propre de l'un des
époux n'a jamais droit à récompense. L'usufruit est certainement une servitude bien que le code ne la considère pas
comme telle et il semble qu'on devrait appliquer au cas d'un
usufruit ce que l'art. 1437 dit des services fonciers. « Mais il
» y a une différence entre l'usufruit et les servitudes réelles ;
» l'usufruit est un démembrement de la propriété qui subsiste
» indépendamment d'elle, il repose sur une tête différente
» jusqu'à son extinction, tandis que les servitudes réelles sont
» une qualité active ou passive du fonds qu'elles grèvent ou
» au profit duquel elles sont établies. Lors donc qu'une ser-
» vitude est rachetée, le rachat profite nécessairement au
» propriétaire du fonds qui en est grevé, et qui le possède
» maintenant libre de toutes charges. Il en est autrement
» quand un usufruit est acheté, l'usufruit repose sur la tête
» du vendeur et il ne prend fin qu'avec sa vie, l'acquéreur en
» a l'exercice tant que sa vie dure. Et qui est l'acquéreur
» dans l'espèce? C'est la communauté au nom de laquelle
» l'acquisition s'est faite » (¹).

La cour de cassation, dans un arrêt du 16 juillet 1845, a
adopté cettte manière de voir, et Dalloz ajoute en note de
l'arrêt précité (²), que la solution devrait être la même, c'est-
à-dire que récompense ne serait pas due à la communauté,
dans le cas où l'un des époux étant usufruitier, la commu-

(¹) Laurent, XXI, n. 260.
(²) D. P., 45. 1. 321.

nauté ferait l'acquisition de la nue propriété ; cette nue propriété ne se réunirait pas à l'usufruit mais formerait un acquêt.

De nos jours, la jurisprudence et la majorité des auteurs sont d'accord pour reconnaître que lorsque l'usufruit grevant l'immeuble propre de l'un des conjoints est *acheté* des deniers communs, il n'y a pas lieu à récompense pour la communauté.

En principe, aux termes de l'art. 1409, il n'y a que les dettes payées en l'acquit des conjoints, relativement à des immeubles à eux propres qui donnent droit à récompense pour la communauté. On doit cependant assimiler à ces dettes, celles qui sont relatives aux meubles qui seraient demeurés la propriété exclusive de l'un des conjoints ; ces meubles étant exclus de la communauté tout aussi bien que les immeubles propres, il est tout naturel d'appliquer aux dépenses faites pour ces meubles, la règle édictée en ce qui concerne les immeubles (¹).

La communauté pourra encore être créancière d'une récompense si elle a fourni des deniers nécessaires à l'acquisition d'un office ministériel propre au mari. Bien que l'on ait soutenu que l'office ministériel du mari ne devait pas entrer en communauté, comme n'étant pas dans le commerce, on est généralement d'accord aujourd'hui pour le considérer comme une véritable propriété mobilière, tombant comme telle dans l'actif commun ; mais ce qui entre dans la communauté, c'est la valeur vénale de l'office et non l'office lui-même. Au moment de la dissolution de la communauté, le mari titulaire

(¹) Rodière et Pont, II, n. 739 ; Aubry et Rau, V, § 508, p. 322.

de l'office a le droit de le conserver pour lui ou bien de le
céder. S'il cède son office, le prix de la cession tombera dans
la caisse commune, puisque, nous l'avons vu, la valeur vénale
de l'office fait partie de l'actif commun. Si au contraire le
mari, usant du droit qui lui est accordé, conserve pour lui-
même l'office dont il est titulaire, il devra récompense à la
communauté du prix de l'office (¹).

Les impenses faites dans le but d'apporter des améliorations
généralement aux biens propres des époux, procurant un
enrichissement à l'époux propriétaire des biens sur lesquels
elles auront été effectuées, sont aussi pour la communauté
une source de récompenses. Mais nous avons vu qu'il fallait
excepter les dépenses d'entretien qui n'apportent pas au fonds
une plus-value durable, et qui de plus doivent être à la charge
d la communauté usufruitière des propres des époux.

Quant aux impenses qui n'ont pas le caractère de dépenses
d'entretien, on peut les diviser en trois catégories distinctes :
impenses nécessaires, impenses utiles, impenses voluptuaires.
La classification des impenses dans l'une ou l'autre de ces
catégories est assez difficile et devra, en cas de contestation,
être laissée à l'appréciation du juge, qui devra pour cela tenir
compte de la situation de fortune des époux, de leur situation
sociale et de l'importance de leurs biens.

Parmi les dépenses nécessaires, il convient de ranger les
grosses réparations, elles donneront lieu à récompense au
profit de la communauté ; il n'en serait cependant pas ainsi
si ces dépenses avaient été rendues nécessaires par suite du
défaut d'entretien pendant la communauté, celle-ci devrait

(¹) Troplong, I, p. 437 ; Rodière et Pont, I, p. 450-451. — Douai, 20 déc. 1862,
S., 64. 2. 109. — Cass., 6 janv. 1880, D., 80. 1. 361.

dans ce cas être tenue de ces dépenses (¹). Il peut également se faire, de l'avis de MM. Baudry-Lacantinerie, le Courtois et Surville (I, n. 843 *bis*), que les grosses réparations ne soient pas une dépense nécessaire. Le bâtiment sur lequel les réparations ont été faites était dans un état tel qu'il ne pouvait être utilisé. Il s'agit, par exemple, d'un immeuble destiné à la location; il ne pourrait pas trouver de preneur, à moins qu'on n'y fît de grands frais, tels que la réfection de gros murs ou du toit en entier; ce sont là, dit-on, des actes de mauvaise administration on ne peut donc les qualifier d'impenses nécessaires et en accorder récompense à la communauté.

Les auteurs et la jurisprudence sont d'accord pour reconnaître que les impenses nécessaires et les impenses utiles donneront toujours lieu à récompense, car il en résulte toujours une plus-value pour l'immeuble dont l'époux propriétaire doit compte à la communauté.

La question est plus controversée au sujet des impenses voluptuaires ou dépenses de pur agrément. De l'avis de Pothier et de certains auteurs (²), l'héritage ne devient pas plus précieux à la suite de ces dépenses; l'époux propriétaire du fonds ne se trouve donc pas avantagé aux dépens de la communauté. Dans la théorie soutenue par M. Laurent (³), au contraire, le mari doit récompense à la communauté, dès qu'il emploie les deniers communs dans l'intérêt de ses propres, peu importe qu'il s'agisse d'un intérêt d'agrément, du

---

(¹) Guillouard, II, n. 991 ; Fuzier-Herman, *Communauté*, n. 1547, *Rev. crit.*, 1882-1883, article de M. Grivel, n. 89.

(²) Rodière et Pont, II, n. 961 ; Marcadé, 1437, n. 2.

(³) *Cours de droit civil français*, XXI, n. 483.

moment que cet intérêt n'est pas celui de la communauté, il donne lieu à récompense. « Vainement dit-on que le mari » aurait pu dissiper la somme qu'il emploie en travaux d'agré- » ment, nous avons répondu qu'il se trouve peu de maris qui » dissipent leur communauté, tandis qu'il s'en trouverait qui » embelliraient leurs propres, s'ils pouvaient le faire aux » dépens de la communauté, c'est-à-dire de la femme ».

L'opinion de M. Laurent n'est pas celle qui est aujourd'hui généralement admise : on décide, en effet, en doctrine et en jurisprudence, que les impenses voluptuaires ne donnent jamais droit à récompense pour la communauté.

Si, au lieu d'emprunter les deniers de la communauté pour faire effectuer des travaux, l'un des époux a exécuté lui-même les travaux, soit sur son fonds, soit sur celui de son conjoint, la caisse commune devra-t-elle être indemnisée par l'époux propriétaire du fonds sur lequel des améliorations ont été ainsi réalisées? La stricte interprétation de l'art. 1437 semble conduire à résoudre la question par la négative. Cet article n'établit, en effet, le droit à récompense en faveur de la communauté qu'autant que les impenses auront été payées des deniers communs. Or, ici, la communauté n'ayant rien déboursé, il semble bien qu'il ne saurait être question de récompense. On peut répondre à cette interprétation en disant : il se peut bien que la communauté n'ait rien déboursé, mais le travail que l'un des époux a effectué au profit d'un immeuble propre a absorbé les loisirs de celui qui l'a effectué, loisirs qu'il eût employés au profit de la communauté. Celle-ci, si elle ne s'est pas appauvrie, a, du moins, par ce fait, manqué de s'enrichir, elle devra donc être indemnisée.

La même solution devrait également s'appliquer dans le cas où un bien propre aurait été conservé ou amélioré par un fermier en vertu d'une clause du bail ; car la caisse commune fait indirectement les frais de ces travaux, le fermier ne les exécute que moyennant une réduction dans le prix du loyer ou de la ferme, c'est-à-dire au détriment de la communauté qui voit ainsi ses revenus diminués.

Nous venons d'examiner, en ce qui concerne les impenses nécessaires, ce qui avait trait aux améliorations matérielles apportées aux propres des époux et ayant assuré au conjoint propriétaire la conservation matérielle de son fonds. Mais la conservation juridique d'un immeuble dans le patrimoine de l'un des conjoints peut également avoir été pour la communauté la source de dépenses ; dans quelle catégorie va-t-on ranger de pareilles impenses ? Dira-t-on que ce sont des impenses nécessaires ou bien des impenses utiles ? La communauté, par exemple, a payé sur l'acquit de l'un des époux une certaine somme d'argent pour lui permettre de racheter un immeuble par lui aliéné avec clause de réméré, ou bien pour lui permettre de recouvrer la propriété d'un immeuble en intentant une action en résolution ou en rescision d'une vente ?

De l'avis de M. Colmet de Santerre ([1]), il y a ici une distinction à faire : « L'époux a exercé un réméré ou il a intenté une » action en rescision, et il a fallu restituer à l'acquéreur dont » le droit était rescindé les sommes que celui-ci aurait payées. » Ce sont là des opérations que l'époux aurait pu ne pas faire, » qu'il a faites bien souvent dans l'intérêt de la communauté,

([1]) Demante et Colmet de Santerre, VII, n. 84 *bis*, X.

» pour procurer aux époux une certaine jouissance ou à la » communauté un accroissement de revenus ». D'après cet auteur, l'époux qui a intenté une action en réméré ou en rescision pouvait s'en dispenser ; il n'y a donc pas dans ces cas, d'une manière absolue, une impense nécessaire. L'acte ne devra pas être considéré comme un acte nécessaire si l'immeuble recouvré est, au moment où il rentre dans le patrimoine de l'époux propriétaire, d'une valeur inférieure à la somme déboursée pour le recouvrer.

Si au contraire la somme déboursée pour recouvrer ce bien est supérieure à la valeur du bien, on doit décider, de l'avis de M. Colmet de Santerre, que l'acte n'est qu'un acte utile à la communauté fait en vue de la jouissance commune. La récompense ne devrait pas alors être de la somme déboursée, mais bien de la plus-value qu'a procurée au propriétaire le retour dans son patrimoine de l'immeuble primitivement aliéné. Cette théorie est généralement repoussée et il est plus logique d'admettre que la dépense était une dépense nécessaire et que la communauté devra être indemnisée du montant de la somme déboursée.

Si l'immeuble objet des améliorations vient à périr avant la dissolution de la communauté, celle-ci aura-t-elle droit à récompense? En principe, la récompense sera due à la communauté, car, dit-on, le droit à récompense est né du jour où les impenses ont été faites et les événements postérieurs ne sauraient modifier ce droit (¹).

Les impenses nécessaires ne sont pas les seules qui donnent à la communauté droit à récompense : les impenses utiles

---

(¹) Guillouard, II, n. 997.

sont également pour cette dernière la source de récompenses. Nous verrons, en étudiant le calcul du montant des récompenses, dans quels cas la communauté sera créancière de récompenses, pour avoir effectué des impenses utiles, sur le fonds de l'un des époux ; la question des récompenses se présente également dans le cas des impenses voluptuaires ; nous verrons également, en étudiant la fixation du montant des récompenses, les controverses qui se sont élevées à l'occasion des récompenses dues à l'occasion des impenses voluptuaires.

En dehors de toute idée d'impense ou d'amélioration apportée à l'immeuble propre des époux, tout profit personnel réalisé par l'un des conjoints aux dépens du fonds commun, est pour ce dernier, la source d'indemnités. Il en sera ainsi d'abord lorsque les époux auront détourné sans droit des valeurs de la communauté pour se procurer des avantages auxquels leur qualité d'époux ne leur donnait pas droit Ainsi, aux termes de l'art. 1469, le mari doit récompense à la communauté, si des deniers communs il dote un enfant d'un autre lit; mais il faut, pour que la communauté ait droit à récompense, que la libéralité faite à un enfant d'un autre lit ait le caractère d'une dot; à moins, dit un arrêt de la cour de cassation du 23 juin 1869 ([1]), « que la femme, ayant » agi de concert avec son mari, n'ait consenti à la libéralité » qu'à la condition qu'elle serait rapportée à la masse commune ».

L'interprétation de la cour de cassation est trop restrictive, l'art. 1469 n'est qu'une application de l'art. 1437, et toute

([1]) S., 69. 1. 358.

libéralité faite aux enfants dans le but d'améliorer leur situation ou en vue d'un établissement est la source d'une récompense en faveur de la communauté qui en a fait les frais; par exemple, lorsqu'elle aura fourni les deniers pour l'acquisition d'un fonds de commerce, d'un office ministériel, ou avancé les fonds exigés comme cautionnement pour l'exercice de certaines fonctions. On devrait même, allant plus loin, décider que toute donation faite à un autre qu'à un enfant d'un premier lit donnerait lieu à récompense, s'il était démontré qu'elle a été pour son auteur la source d'un profit personnel.

On peut soutenir avec raison que l'époux donateur, dans les cas que nous venons d'examiner, ne s'est pas enrichi en donnant; cela est incontestable, mais il a satisfait à une obligation morale et il l'a fait des deniers communs : il y a donc avantage personnel, s'il ne s'est pas enrichi; il a évité de s'appauvrir et cela aux dépens de la communauté (¹). Lors, au contraire, que la libéralité est faite à des personnes à l'égard desquelles les conjoints ne sont tenus d'aucune obligation morale, il n'y aura pas lieu à récompense, car le mari administrateur de la communauté est entièrement libre de la gérer comme il l'entend et même de la dilapider.

En dehors de toute idée de libéralité faite par les conjoints, il faudrait décider qu'il y aurait encore lieu à récompense si le mari ayant encouru des condamnations à des amendes, pour crimes, délits ou condamnations, les amendes avaient été payées des deniers communs. On a discuté pour savoir si les réparations civiles auxquelles le mari aurait été condamné à raison d'un crime ou d'un délit, ou pour les

(¹) Colmet de Santerre, VI, p. 146, n. 66 *bis*, D., 75. 1. 118.

dépens d'une instance criminelle ou civile, donnerait lieu ou
non à récompense, et un arrêt de la cour de cassation du
9 décembre 1874 décide que de tels déboursés faits par la
communauté ne lui donnent pas droit à récompense.

La constitution d'une rente viagère que l'un des époux
aurait stipulée au cours de la communauté à l'aide des deniers
communs sera-t-elle pour celui-ci la source d'une récompense? Il y a lieu de distinguer ici plusieurs cas, selon que la
rente viagère a été constituée sur la tête de l'un des conjoints
ou sur la tête des deux époux sans pour cela être réversible
sur la tête de l'autre.

Lorsque la rente est constituée sur la tête de l'un des conjoints, il faut, à la dissolution de la communauté, la considérer comme une valeur commune et non pas comme appartenant en propre à chacun des conjoints. Il s'agit ici d'une
acquisition à titre onéreux faite pendant le mariage ; qu'importe l'objet acquis, capital ou rente, il tombe dans l'actif
commun, donc pas de droit de récompense (¹).

Mais que décider lorsque la rente viagère est constituée sur
la tête des époux, avec clause de reversibilité sur la tête du
survivant d'entre eux? Pour M. Troplong (²), l'intention des
époux a été que le survivant d'entr'eux ne partagerait pas
cette rente avec les héritiers du prédécédé, les époux contrac-
tants, ont fait ici un pacte aléatoire qui leur était bien permis,
puisque chacun d'eux s'expose ainsi à des chances égales,
et l'époux bénéficiaire a payé de cette chance l'avantage par
lui acquis; il ne devra donc rien à la communauté.

(¹) Troplong, Contrat de mariage, I, p. 407; Rodière et Pont, I, n. 423; Guillouard, I, p. 352.

(²) Troplong, II, n. 1200.

De l'avis de la jurisprudence, au contraire (¹), bien que demeurant propre au conjoint survivant, la rente viagère stipulée reversible, oblige l'époux qui en bénéficie, à indemniser la communauté de somme égale à la valeur de la rente; car sans cela, il s'enrichirait aux dépens du fonds commun, et pourrait se créer des propres à lui-même.

Si les époux ont contracté une assurance sur la vie au profit du survivant d'entre eux, et que les primes en ont été payées des deniers communs, la communauté aura-t-elle droit à récompense? On a répondu négativement, en disant que le capital que doit toucher l'époux assuré, provenant d'un contrat à titre onéreux, ne doit pas lui profiter exclusivement, mais il doit tomber dans l'actif commun. Ce raisonnement n'est pas exact, et lorsqu'il aura été stipulé qu'à la dissolution de la communauté l'un des conjoints touchera un certain capital, ce capital profite à ce conjoint seul et ce dernier devra à la communauté somme égale au montant des primes payées.

Si au contraire l'un des époux a stipulé d'une compagnie d'assurances, qu'elle paierait à son décès une certaine somme à ses héritiers, il y aura une distinction à faire : si, dans le contrat d'assurance, l'assuré n'a pas désigné le bénéficiaire de l'assurance, le capital de cette assurance devra être considéré comme un conquêt de communauté et tombera par conséquent dans l'actif commun : donc pas de récompense.

Au contraire, lorsque le bénéficiaire est désigné dans le contrat, et que celui-ci est un tiers quelconque, il recevra le capital assuré à titre gratuit : nous rentrons ici dans le cas

(¹) Cass., 16 déc. 1867, D., 68. 1. 270.

d'une simple donation, et dans ce cas, nous le savons, récompense n'est pas due à la communauté, le conjoint donateur ne retirant aucun profit de la donation. Il n'en serait pas de même si l'assurance avait le caractère d'une dot donnée à un enfant d'un premier lit; nous nous trouverions ici dans l'hypothèse prévue par l'art. 1469, et il serait dû à la communauté somme égale au montant des primes payées. Certains auteurs (¹) rejettent cette solution, se fondant sur ce que les primes ne sont pas payées sur le capital commun, mais bien sur les revenus de la communauté.

Lorsque l'assurance a été contractée non plus au profit d'un tiers, mais au profit du survivant des époux, il faut, pour savoir si la communauté a droit à récompense, distinguer selon que l'assurance a été contractée avant le mariage ou au cours du mariage. Supposons, par exemple, que le mari ait contracté avant le mariage une assurance sur la vie au profit de sa future épouse ; on est d'accord pour reconnaître que dans ce cas, aussi bien sous le régime de la communauté légale que sous celui de la communauté réduite aux acquêts, le bénéfice de l'assurance demeure propre à la femme assurée. La communauté n'aura donc aucun droit au capital de l'assurance ; mais n'aura-t-elle pas droit à récompense pour les primes qu'elle a payées ? Il y a encore ici une distinction à établir entre la communauté légale et la communauté d'acquêts. Sous le régime de la communauté légale, aux termes de l'art. 1409-1°, la communauté étant tenue des dettes des époux contractées antérieurement au mariage, elle n'aura droit à aucune récompense pour les primes par elle payées.

(¹) Herbault, *Traité des assurances sur la vie* revu par de Folleville, p. 228.

Sous le régime de la communauté d'acquêts, au contraire, on n'est pas d'accord pour décider si la communauté aura droit à récompense pour les primes par elle payées. Dans une première opinion ([1]), la communauté n'aura droit à aucune récompense, on assimile ici les primes payées par la communauté aux arrérages des dettes propres des époux dont la communauté est tenue aux termes du troisième alinéa de l'art. 1409. Dans un autre système, au contraire, l'époux qui a contracté l'assurance doit récompense à la communauté des primes par elle payées, parce que les primes n'ont pas le caractère d'intérêts ou d'arrérages qui doivent être à la charge de la communauté, mais celui de capitaux distincts payés à l'assureur ([2]).

Lorsque l'assurance a été contractée par le mari au profit de la femme au cours de la communauté, on se demande si la communauté aura droit à récompense pour les primes dont elle a acquitté le montant. Pour certains auteurs, le mari ne doit aucune récompense parce qu'il pouvait disposer des effets mobiliers de la communauté, aussi bien au profit de la femme qu'au profit de tiers et la femme n'est pas davantage tenue à récompense, l'idée de donation impliquant que le donataire n'est tenu d'aucune récompense. D'après une autre opinion, la femme sera tenue à récompense, à moins que le mari n'ait manifesté l'intention de l'exonérer de cette charge. Pour d'autres enfin, il faut distinguer pour savoir si la femme sera tenue à récompense selon que les primes payées auront été prélevées sur le capital ou sur les revenus de la communauté;

([1]) Herbault, *Tr. des assur. sur la vie*, revu par de Folleville, p. 225.
([2]) Bourges, 7 mai 1889, S., 89. 2. 16.

dans ce cas, celle-ci n'aurait droit à aucune récompense [1].

Il vaut mieux décider, à notre avis, que la femme recevant le bénéfice de l'assurance comme une propriété personnelle, doit récompense à la communauté du montant des primes par elle payées, car sans cela elle s'enrichirait aux dépens de la communauté, ce qui lui est interdit aux termes de l'art. 1437 [2].

[1] *Revue pratique,* XVI, article de M. Caqueray, p. 202.

[2] Fuzier-Herman, *Assurances sur la vie,* n. 404.

CHAPITRE II

DU MONTANT DES RÉCOMPENSES

§ I. *Calcul du montant des récompenses dues par les époux à la communauté.*

Lorsque le liquidateur aura recherché si les époux sont débiteurs de la communauté, il lui faudra calculer le montant de leurs dettes. Nous avons examiné, en étudiant les cas dans lesquels la communauté est débitrice des époux, quel était le montant de la récompense dont les époux étaient créanciers ; il n'y a donc pas lieu d'y revenir dans ce chapitre. Nous envisagerons seulement les cas où la communauté est créancière des époux. Pour ce calcul, le liquidateur devra tenir compte à la fois de l'enrichissement que les deniers communs ont procuré à l'époux débiteur, et aussi, de l'appauvrissement résultant pour la communauté des dépenses par elle faites. Il n'y aura aucune difficulté, lorsque le profit retiré et la somme fournie par la communauté se montent au même chiffre, le montant de la récompense sera alors égal à la somme déboursée. Il faudra décider de même, lorsque la somme fournie par la communauté aura été affectée à des dépenses nécessaires. Pothier (¹) en donnait pour raison que : « l'impense étant jugée nécessaire et indispensable, si elle

(¹) *Communauté,* n. 635.

» n'eût été faite des deniers communs, le conjoint, propriétaire
» de l'héritage, aurait été obligé de la faire de ses propres
» deniers ou de ceux qu'il aurait empruntés d'un tiers ».
Cette manière de voir est aujourd'hui unanimement adoptée,
car le conjoint qui a effectué de telles dépenses sur son
immeuble propre, et qui, pour les payer, a emprunté à la
caisse commune, a profité de tout ce qu'il a emprunté ; il eût
été obligé en effet de prélever le montant de ses dépenses sur
sa fortune personnelle qu'il eût diminuée d'autant (¹). L'accord
est loin d'être le même entre les auteurs, lorsqu'il s'agit
d'apprécier, non plus le montant des impenses nécessaires,
mais bien le montant des impenses utiles payées des deniers
communs en l'acquit de l'un des conjoints.

Il est cependant, dans cette matière, un point qui est hors
de contestation, c'est que pour calculer l'enrichissement que
l'un des époux a réalisé aux dépens de la communauté, il
faut se placer au moment de la dissolution de la communauté ;
la récompense due ne doit jamais être plus élevée que l'enrichissement procuré, mais ne doit pas non plus dépasser ce
qu'il en a coûté à la communauté, quelque grand qu'ait été
le profit réalisé (²).

Dans la théorie exposée et soutenue par M. Marcadé (³),
l'époux qui se sert des deniers de la communauté, joue, à
l'égard de cette dernière, le rôle d'un emprunteur et se
trouve obligé à lui rendre ce qu'il lui a emprunté, sans qu'il

---

(¹) Bordeaux, S., 81. 2. 76. — Cass., 22 oct. 1889, S., 90. 1. 62, 2. 76. — Guillouard,
II, 1002. — Aubry et Rau, V, § 511 *bis*, texte et note 4, p. 367. — Laurent, XXII,
482. — Demante et Colmet de Santerre, VI, n. 84 *bis*, IV.

(²) Pothier, *Communauté*, 613.

(³) Explication du code civil, art. 1437, § 2. — Rodière et Pont, II, 960 ; Laurent, XXII, 476.

y ait à rechercher si l'emploi qu'il en a fait a été plus ou moins avantageux, si son profit a été supérieur ou inférieur à la somme fournie. Le principe est que les époux doivent rendre la communauté indemne; or, la rendre indemne, ce n'est pas seulement lui payer l'équivalent de ce dont on s'est enrichi, mais c'est lui rendre purement et simplement ce qu'on lui a emprunté.

Cependant, même parmi les auteurs qui admettent que les époux doivent rendre à la communauté les sommes provenant de cette dernière, dont ils se sont servis pour leur usage personnel, plusieurs se refusent à considérer les époux comme des emprunteurs et la communauté comme une prêteuse : « Tout prêt de deniers fait par la communauté au » mari ou à la femme, dit M. Colmet de Santerre (¹), ne peut » aucunement constituer la communauté créancière, si on ne » considère pas l'usage auquel les deniers ont été employés » et les résultats qu'ils ont produits... Entre un époux et la » communauté, une obligation ne saurait avoir pour fonde- » ment le prêt...; les droits de la communauté contre l'époux » ont pour fondement unique l'enrichissement de l'époux et » l'appauvrissement de la communauté; ce sont des droits à » indemnité ou récompense et pas autre chose ». De même, M. Laurent (²) n'admet pas davantage que le prêt soit pos- sible entre les époux : « La communauté n'est pas une per- » sonne civile qui prête ou qui emprunte, elle n'est autre » chose que les deux époux associés. L'époux est débiteur de » la récompense quand il prend une somme sur les biens » communs, de même qu'il est créancier d'une récompense

(¹) *Cours de droit civil*, VI, p. 213.
(²) *Cours de droit civil français*, XXII, n. 480.

» quand le prix de ses propres est versé dans la commu-
» nauté. Qu'importe qu'il ne soit ni emprunteur, ni prêteur :
» il suffit qu'il soit débiteur de la communauté et il l'est en
» vertu des rapports qui existent entre les époux et la com-
» munauté, il ne faut pas que les époux puissent se servir
» des biens communs dans un intérêt qui n'est pas celui de
» la communauté. S'ils le font, il est juste qu'ils soient tenus
» à récompense, et cette récompense doit être de tout ce qu'ils
» prennent sur la communauté, sans quoi celle-ci serait en
» perte ». D'après cette théorie, qu'il s'agisse d'impenses
utiles ou d'impenses voluptuaires, l'époux qui les aura payées
des deniers communs sera toujours débiteur envers la
communauté des sommes que celle-ci aura fournie. Mais pour
M. Laurent, tandis que le mari administrateur doit, dans ces
cas, récompense à la communauté, la femme, au contraire,
peut avoir une action en dommages-intérêts contre son mari,
s'il est prouvé que celui-ci a agi en mauvais administrateur
en faisant faire de telles dépenses.

La plupart des auteurs rejettent cette manière de voir;
pour eux, le montant de la récompense due à la communauté
pour des améliorations faites à un immeuble propre n'est
pas égal à la somme que la communauté a déboursée, mais
doit être limitée à la plus-value acquise par le fonds.

Telle était d'ailleurs l'opinion de Pothier (*Communauté*,
n. 636) et le texte de l'article 1437, qui dispose que toutes
les fois que l'un des époux a tiré quelque profit des biens de
la communauté il en doit récompense, semble bien vouloir
dire que c'est le profit réalisé par l'époux débiteur qui doit
servir de base au calcul de cette récompense. Il pourra arriver avec cette théorie que le chiffre de la récompense soit

inférieur à celui que la communauté a déboursé, et, dira-t-on, dans ce cas la communauté sera en perte, certainement, mais, le fondement de la récompense due par les conjoints à la communauté, réside dans les profits que celui-ci a retirés des deniers communs, et si celui-ci rembourse à la communauté somme égale à son enrichissement, le principe est sauvegardé. Mais si la plus-value subie par l'immeuble doit servir de base pour le calcul de la récompense, cette plus-value constitue un maximum qui ne doit pas être dépassé. Cependant, M. Toullier considère que la communauté, en pratiquant des améliorations sur le bien de l'un des époux, fait, d'après l'opinion généralement adoptée, une opération chanceuse et aléatoire ; par suite, puisque la communauté s'est exposée à faire une perte en apportant des améliorations dans les biens de l'un des époux, elle devrait, par une juste réciprocité, profiter du bénéfice, s'il arrivait que l'amélioration pratiquée eût donné au fonds une valeur supérieure à la dépense faite. Bien que fort logique, cette opinion n'est pas adoptée par la majorité des auteurs. Pothier énonçait déjà cette règle : « La récompense n'excède jamais ce qu'il en a coûté à la communauté, quelque grand qu'ait été le profit que le conjoint a retiré ». Bien que n'étant pas expressément consacrée par les rédacteurs du code civil, cette règle doit cependant être suivie.

Ce que la loi veut, c'est que les époux ne s'enrichissent pas aux dépens de la communauté, mais ce qu'elle veut aussi c'est que cette dernière ne s'enrichisse pas davantage aux dépens des époux. Or, si la plus-value était supérieure à la somme déboursée, et que l'on fît à la communauté rapport de somme équivalente à la plus-value, il y aurait pour la caisse commune enrichissement, ce que la loi ne veut pas.

Ainsi que nous venons de le voir, la plus-value acquise par l'immeuble propre doit être pour le liquidateur la mesure de la récompense due ; nous savons aussi que c'est au moment de la dissolution de la communauté qu'il devra se placer pour apprécier cette plus-value ; peu importent les variations qu'elle a pu subir depuis le moment où les impenses ont été faites.

Mais comment le liquidateur devra-t-il apprécier cette plus-value ? Sera-ce ainsi que le décide un arrêt de la cour de Metz du 24 décembre 1869 (¹) : « La valeur actuelle des biens et la valeur » qu'ils auraient si les dépenses n'avaient pas été » faites ? le mot valeur désignant ici la valeur intrinsèque de » l'immeuble distincte de la valeur vénale ». Il vaut mieux décider que la plus-value s'appréciera d'après la valeur vénale du bien, et cela pour deux raisons : la première, qu'il est très difficile de déterminer pratiquement la valeur intrinsèque d'un immeuble ; la seconde, que c'est en considérant la valeur vénale de l'immeuble, que l'on peut affirmer qu'il y a eu ou non enrichissement.

Quand la plus-value résulte, non pas des travaux effectués, mais du rachat des servitudes passives qui le grevaient ou de l'acquisition de servitudes actives à son profit, les auteurs ne sont pas d'accord sur le montant de l'indemnité qui doit être payée à la communauté. Pour certains auteurs (²), la récompense doit être égale au prix du rachat ou de l'acquisition des servitudes. Dans une autre opinion, qui doit être suivie, à notre avis, la règle générale doit s'appliquer ici et la récom-

(¹) Guillouard, *Contrat de mariage*, II, n. 1013 ; Rodière et Pont, II, n. 958 ; Laurent, XXII, n. 485.

(²) D., 71. 2. 36.

pense due à la communauté sera calculée d'après la plus-value acquise par le fonds à la suite du rachat de la servitude qui le grevait ou de l'acquisition d'une servitude à son profit.

Il en serait de même également, si la communauté avait fourni à l'un des conjoints les sommes nécessaires pour lui permettre d'exercer, soit une action en réméré, soit l'action en rescision d'une vente d'immeubles par suite de lésion, La communauté n'aurait pas droit à une récompense égale à la somme par elle déboursée pour l'exercice de ces actions, mais bien à une somme équivalente à la valeur des immeubles recouvrés par l'exercice de ces actions ; à moins toutefois, qu'il ne soit démontré que l'exercice de ces actions était d'une nécessité évidente, car nous serions ramenés ici au cas d'une impense nécessaire et nous savons que le montant en est intégralement dû à la communauté.

Il nous reste enfin à examiner une troisième catégorie de dépenses que la communauté a pu payer de ses deniers en l'acquit des époux : ce sont les impenses voluptuaires. On est à peu près d'accord aujourd'hui pour décider que ces dépenses ne donneront aucune plus-value au fonds sur lequel elles sont effectuées, et n'étant par conséquent pour le propriétaire de ces fonds la source d'aucun enrichissement, elles ne donnent pas lieu à récompense pour la communauté ; il ne saurait donc être question d'en évaluer le montant.

Ce principe ne devrait cependant pas être admis sans quelques restrictions. S'il était démontré que des dépenses de pur agrément ont augmenté la valeur d'un immeuble, et cela arrive souvent, que la valeur locative d'un immeuble soit accrue à la suite d'améliorations de pur agrément, on devrait considérer dans ce cas de telles dépenses comme des dépenses utiles, et suivre la règle adoptée en pareil cas.

Enfin bien que les dépenses voluptuaires ne donnent à la communauté aucun droit à récompense, on doit décider que si les choses mobilières incorporées à un immeuble propre peuvent être enlevées sans détérioration aucune pour cet immeuble, elles devront être retirées et vendues au profit de la masse commune.

§ II. *Balance des comptes existant entre la communauté et chacun des époux.*

Lorsque le liquidateur, après avoir détaché de l'actif existant au moment de la dissolution, les biens propres des époux qui ne sauraient figurer dans la masse partageable, aura établi, d'une part, ce que la caisse commune doit à chacun des conjoints et, d'autre part, ce que ces derniers doivent à la communauté ; il n'aura pas pour cela déterminé d'une façon définitive les comptes respectifs de la communauté et de chacun des conjoints.

Ainsi que nous l'avons vu, la communauté peut devoir aux époux et d'autre part, ceux-ci peuvent être débiteurs de la communauté, il existe entre chacun des conjoints et la communauté une sorte de compte-courant, dont le liquidateur devra établir la balance, pour fixer d'une façon définitive le chiffre dont la communauté doit être créancière et débitrice. Chaque époux se trouve bien, tant que dure la communauté, être à la fois débiteur et créancier de cette dernière, mais cette situation ne saurait persister dès que la communauté est dissoute, le compte-courant sera alors arrêté et se soldera soit par une dette à la charge de chacun des conjoints, soit par une créance au profit de chacun d'eux. Mais pour arriver à savoir en faveur de qui, de chaque époux ou de la communauté, le solde sera établi, il est nécessaire de comparer le compte débiteur et le compte créditeur de chaque époux et de la communauté; c'est cette opération qui constitue la balance.

Il ne faudrait pas croire que cette opération soit simplement un moyen de simplification permettant au liquidateur de résoudre plus facilement des opérations compliquées.

La nécessité de la balance s'impose, au contraire, au liquidateur, c'est une véritable règle de droit qu'il lui est impossible de méconnaître et d'écarter (¹). Cette règle n'est d'ailleurs pas nouvelle, elle était déjà connue du temps de Pothier, qui à ce sujet s'exprime en ces termes : « Après la » dissolution de la communauté, on doit liquider les créances » que chacun des conjoints a contre la communauté, et les » dettes dont chacun des conjoints est débiteur envers la » communauté. Cette liquidation est nécessaire en cas d'ac- » ceptation de la communauté par la femme ou ses héritiers, » afin que chacun des conjoints (ou ses héritiers) puisse, au » partage qui se fera des biens de la communauté, exercer » sur les biens de la communauté la reprise de la somme » dont il sera créancier de la communauté, déduction faite de » celle dont il était débiteur envers elle et que dans le cas où » l'un où l'autre des conjoints se serait trouvé débiteur de » quelque somme envers la communauté, déduction faite de » ce qui lui est dû par la communauté, cette somme dont il

(¹) Baudry-Lacantinerie, le Courtois et Surville, II, p. 326.

» s'est trouvé redevable envers la communauté, lui soit, au
» partage, précomptée sur sa part » (¹).

La nécessité de la balance peut présenter de l'intérêt dans
la pratique, lorsque l'un des époux étant à la fois créancier de
reprises et débiteur de récompenses envers la communauté
vient à mourir en laissant un légataire de son mobilier et un
légataire de ses immeubles ; le légataire des immeubles doit-il
supporter une portion des récompenses dues par l'époux décédé à la communauté, alors que les reprises de cet époux
excédaient le chiffre des récompenses dont il était débiteur ?
Un arrêt de la cour de Rouen du 10 avril 1868 avait décidé
dans ce sens ; il fut cassé par un arrêt de la cour de cassation
du 15 mai 1872 : « Attendu, dit cet arrêt, que parmi les élé-
» ments de la masse active ou passive de la communauté figu-
» rent nécessairement les sommes dont les époux sont ou non
» créanciers de la communauté ou débiteurs envers elle ;
» qu'une liquidation doit donc au préalable établir cette qua-
» lité soit de créancier soit de débiteur, qu'elle ne peut résul-
» ter que de la balance faite entre le total des reprises et le
» total des récompenses ; d'où il suit, que si la balance dé-
» montre qu'au moment de la dissolution de la communauté,
» le montant des reprises excédait la somme des récompenses
» due par la femme, il est impossible de reconnaître qu'il
» existait en ce moment une dette envers la communauté ; que
» le reliquat du compte de la communauté a pour effet en ce
» cas d'établir la somme qui seule devra entrer dans l'actif
» de la succession » (²).

M. Labbé, en note de l'arrêt précité, s'exprime en ces ter-

(¹) Pothier, n. 582.
(²) Cass., S., 72. 1. 313.

mes : « Il est contraire à la nature des choses et à l'intention
» des parties, de distinguer la créance de certaines récom-
» penses, la dette de certaines autres récompenses, de rompre
» le lien qui les unit et de les traiter comme des objets indé-
» pendants l'un de l'autre. Les droits d'un époux dans la
» communauté et les charges ou dettes dont il est tenu for-
» ment un tout complexe, un mélange de créances et de
» dettes, d'émoluments et de charges qui sont destinés à se
» paralyser ».

Mais il est bon d'observer que, dans le cas où les créances
de l'époux envers la communauté sont neutralisées par les
récompenses qu'il lui doit, on ne se trouve pas en présence
d'une simple compensation légale, mais bien de la balance
d'un compte. Ainsi l'a décidé la cour de cassation dans un
arrêt du 17 mars 1891 [1] : « Attendu, en droit, que lorsqu'il
» s'agit, après la dissolution de la communauté, d'établir les
» reprises de la femme ou les récompenses par elle dues, ces
» reprises et ces récompenses ne sauraient être considérées
» comme des dettes distinctes, indépendantes les unes des
» autres, soumises aux règles de la compensation, qu'elles
» constituent les éléments d'un compte unique, indivisible,
» dont le reliquat final est seul à considérer, lorsqu'il s'agit
» de régler la situation réciproque des parties ; qu'il en est
» d'autant plus ainsi en matière d'association conjugale, que
» le mari administrateur légal, mandataire imposé par la loi à
» la femme, doit être nécessairement appelé à rendre compte
» de tout ce qu'il a touché ou payé pour elle, la balance de
» ce compte étant destinée à déterminer lequel des deux

[1] Cass., 3 mars 1891, S., 92. 1. 190.

» demeure créancier ou débiteur ». La cour d'Angers, dans un arrêt du 11 mai 1891 ([1]), a également adopté la même manière de voir. Il faut donc dire avec la jurisprudence que lorsque le liquidateur aura fixé le montant des dettes et des récompenses dont les époux et la communauté sont respectivement créanciers et débiteurs, il ne devra pas d'une part obliger les époux à rapporter ce qu'ils doivent et d'autre part leur permettre d'exercer la reprise de ce qui leur est dû, ils ne pourront que prélever ou rapporter, ils ne peuvent qu'être créanciers ou débiteurs, et c'est la balance du compte existant entre la communauté et chacun des époux qui permettra d'établir d'une façon définitive la situation respective des époux et de la communauté.

La balance du compte existant entre la communauté et chacun des conjoints ayant révélé au liquidateur si les époux sont créanciers ou débiteurs de la communauté, celui-ci devra, dans le premier cas, payer aux époux les sommes que la communauté peut leur devoir; il devra dans la seconde hypothèse faire rentrer dans la masse commune les créances que la communauté peut avoir contre les conjoints. Nous sommes ainsi amenés à étudier, d'une part : la façon dont les époux exercent le prélèvement tant de leurs biens propres que des récompenses qui leur sont dues par la communauté; et, d'autre part, comment s'effectue le rapport à la masse commune de ce que les époux doivent à la communauté.

([1]) Angers, 11 mai 1891, S., 92. 2. 112.

CHAPITRE III

§ 1. *Exercice des reprises et prélèvements.*

Aux termes de l'art. 1470 : « Sur la masse des biens cha-
» que époux ou son héritier prélève : 1° ses biens personnels
» qui ne sont point entrés en communauté, s'ils existent en
» nature, ou ceux qui ont été acquis en remploi ; 2° le prix
» de ses immeubles qui ont été aliénés pendant la commu-
» nauté et dont il n'a point été fait remploi ; 3° les indemni-
» tés qui lui sont dues par la communauté ».

On a vivement critiqué, et avec raison, la rédaction de l'art.
1470 et la présence, dans ce même article, de son premier et
de son troisième alinéa. Les prélèvements visés par ces deux
paragraphes ont, en effet, des causes absolument différentes;
les uns sont les prélèvements des biens personnels et de ceux
acquis en remploi, tandis que les seconds sont le prélèvement de simples créances des époux contre la communauté.

A un autre point de vue, les termes de l'art. 1470 manquent
d'exactitude lorsqu'ils disent que les époux prélèvent leurs
biens personnels. Il ne saurait en pareil cas être question de
prélèvements, puisque les biens propres de chaque époux ne
sont pas entrés dans la masse commune. Les biens personnels des époux n'entrent point dans la masse commune, ils ne

font point partie de cette masse ; il est donc impossible de les prélever sur la masse ; il n'y a donc pas lieu à prélèvement, il n'y a pas davantage lieu à reprise ; on ne peut reprendre que ce qui a été mis dans la communauté ; or, les biens propres des époux n'y ont jamais été.

A la dissolution de la communauté, les propres se détachent de plein droit et reviennent à leur source. Il n'est pas même nécessaire d'une appréhension des faits ; chacun rentre *ipso jure* dans le sien. La question ne doit donc pas se poser de savoir en quelle qualité agit l'époux qui exerce la reprise de ses biens personnels : il agit en qualité de propriétaire en soutenant que le bien qui lui appartient figurerait à tort dans la masse des biens communs qui constituent la masse à partager.

Nous avons vu, en étudiant quels étaient les biens que les époux avaient le droit de reprendre comme leur étant demeurés propres, que les époux devaient établir la preuve de leur droit de propriété. Mais les prélèvements de biens propres, nous l'avons vu, ne sont pas les seuls que les conjoints aient le droit d'exercer. Ils ont également, aux termes du troisième alinéa de l'art. 1470, le droit de prélever toutes les indemnités qui leur sont dues par la communauté. Donc, pour pouvoir exercer le recouvrement de cette deuxième espèce de reprises, les époux auront à prouver que la communauté est leur débitrice. Cette règle découle du principe que quiconque veut se ménager l'exercice d'un droit, doit faire la preuve du droit dont il prétend être le titulaire.

Lors donc que les époux se prétendront créanciers de la communauté, ils auront à prouver l'existence de leur créance. Mais, de même que nous l'avons fait en ce qui concerne la preuve des biens propres des époux, il y aura lieu de distinguer en ce qui concerne la preuve à fournir entre le mari et la femme.

Lorsque le mari, par exemple, demandera à prélever une certaine somme d'argent représentant, d'après lui, le prix d'un de ses biens propres aliénés tombés dans la communauté, il sera tenu de prouver d'abord, que le bien propre dont il s'agit a été aliéné ; mais cette preuve n'est généralement pas considérée comme suffisante pour lui permettre de toucher la récompense qu'il réclame, il doit prouver en outre que le prix de l'immeuble aliéné est réellement entré dans la caisse commune. On se montrera au contraire beaucoup moins sévère lorsque la femme demandera une récompense pour le prix de son bien propre aliéné. Il lui suffira de prouver que le mari a touché le prix de l'aliénation pour prouver par cela même que le prix est entré dans la caisse commune. On comprend, qu'il en soit ainsi. En effet, il arrivera le plus souvent, pour ne pas dire toujours, que le mari aura perçu le prix de l'aliénation ; cela résulte en effet de sa qualité d'administrateur des biens de la femme [1].

Bien que M. Laurent [2] ait émis l'opinion qu'il n'y avait pas lieu de distinguer, au point de vue de la preuve, entre la femme et le mari, on admet généralement qu'au point de vue de la preuve la femme doit être traitée moins rigoureusement que son mari. Mais lorsqu'il a été établi que le prix d'aliénation de l'immeuble propre de la femme a bien été versé dans la communauté, il ne faudrait pas, allant plus loin, obliger le mari à prouver que c'est bien la communauté

[1] Troplong, II, n. 1096 ; Rodière et Pont, II, n. 939.
[2] Laurent, XXII, n. 457.

et non lui qui a profité de la somme versée dans la caisse commune (¹).

Le mari pourrait toutefois, pour prouver qu'il a bien droit aux reprises par lui réclamées, produire un acte écrit de la femme, alors même que ce serait un simple sous seing privé établissant son droit aux reprises; on admet même, qu'une telle reconnaissance émanée de la femme serait opposable aussi bien à cette dernière qu'à ses ayants cause.

On admet généralement, en jurisprudence, que lorsque dans un contrat de mariage on a inséré une clause d'après laquelle il a été convenu que la célébration du mariage vaudrait à la femme quittance de ses apports, cette clause forme en faveur de cette dernière une preuve complète de ses apports, et le mari n'a aucun moyen pour contester de quelque façon que ce soit la réalité des apports ainsi stipulés (²).

Les critiques que l'on adresse à l'art. 1470 dont nous avons déjà parlé, ne sont pas les seules qu'ait méritées sa rédaction. Le second alinéa de l'article ainsi conçu : « Le prix de ses » immeubles qui ont été aliénés pendant la communauté et » dont il n'a point été fait remploi », indique d'une manière incomplète les causes pour lesquelles la communauté peut être débitrice de récompenses à l'égard des conjoints. Le § 2 est contenu dans le § 3, qui indique que chaque époux prélève toutes les indemnités qui lui sont dues par la communauté. Le prix des propres aliénés dont il n'a point été fait remploi est certainement une source d'indemnités que le troisième alinéa de l'art. 1470 embrasse dans sa généralité.

(¹) Guillouard, II, n. 934; Fuzier-Herman, *Communauté*, n. 1992; Aubry et Rau, V, n. 511, texte et note 19, p. 360. — Cass., 9 avril 1872, S , 72. 1. 178.

(²) Cass., 22 fév. 1860, D., 60. 1. 181.

L'art. 1470 nous indique les causes par lesquelles les époux peuvent exercer l'action en reprise ; mais cet article ne nous indique pas de quelle manière les époux vont exercer leurs reprises et leurs prélèvements

A la suite du règlement de compte dérivant des opérations de la liquidation, si les époux se trouvent créanciers de la communauté, de quelle façon seront-ils payés ? Les articles 1471 et 1472 nous indiquent comment s'effectue ce paiement.

La loi établit ici une double disposition de faveur au profit de la femme, elle lui donne d'abord un droit de priorité sur son mari pour l'exercice de ses prélèvements, de sorte que si celle-ci absorbait tous les biens communs pour le paiement de ses reprises, le mari n'aurait plus aucun droit. La loi donne de plus à la femme le droit, pour le cas où le patrimoine commun ne serait pas suffisant pour lui permettre d'être intégralement payée de ses reprises, d'en poursuivre le recouvrement sur les biens personnels de son mari.

La faveur que la loi accorde ici à la femme, a sa raison d'être dans ce fait, que pendant toute la durée du mariage, la femme privée de tout pouvoir, est tenue éloignée de l'administration des biens communs et ne saurait supporter les fautes commises par la mauvaise gestion du mari, aussi la loi tient-elle autant que possible à la protéger.

L'art. 1471 nous indique l'ordre suivant lequel la femme exercera ses prélèvements ; ces derniers se prendront, aux termes de cet article, d'abord sur l'argent comptant, à défaut d'argent sur le mobilier et les immeubles. Mais l'art. 1471, en indiquant l'ordre des prélèvements, ne parlant que des prélèvements de la femme, on s'est demandé si, comme la femme, le mari pourrait exercer les prélèvements en nature dans les termes de l'art. 1471, 2ᵉ alinéa. Pour M. Colmet de Santerre, « les termes de l'art. 1471 sont spéciaux à la » femme; en effet, l'article commence par ces mots : les pré- » lèvements de la femme; il commence sa phrase par le » pronom *ils*, qui se rapporte grammaticalement au sujet de » la phrase précédente. Enfin, quand il suppose un choix fait » pour le créancier de récompense, il précise et donne ce » choix à la femme ou à ses héritiers. L'article suivant parle » des reprises du mari et ne dit rien sur la faculté de les » exercer en nature. Ce silence a été pris par certains auteurs » pour le signe d'une assimilation entre les reprises du mari » et celles de la femme... Ce raisonnement nous paraît abso- » lument contraire aux principes d'une saine interprétation. » En effet, l'art. 1471, établissant une règle très exception- » nelle en vertu de laquelle un créancier s'approprie en » nature les biens de son débiteur, le silence de la loi, dans » une hypothèse quelque rapprochée qu'elle soit de celle qui » a été prévue, doit être compris dans le sens du maintien des » principes généraux et non comme manifestant la pensée » d'étendre une disposition exorbitante » (¹). Cette manière de voir est rejetée par la majorité des auteurs; aux termes des art. 1470 et 1471, le mari agit comme la femme par voie de prélèvement; il n'y a donc pas lieu d'établir aucune différence à cet égard entre lui et la femme (²).

A défaut de biens en nature, l'époux créancier de repri- ses se paie, avons-nous dit, d'abord sur l'argent comptant. Cette manière de procéder est toute naturelle, car l'époux

(¹) Demante et Colmet de Santerre, VI, n. 132 bis, I.
(²) Pothier, 701 ; Troplong, III, 1650; Marcadé, 1472-1473; Aubry et Rau, V, § 511, texte et note 22, p. 361 ; Arntz, III, n. 701 ; Vigié, III, n. 332.

Le Thieur · 7

créancier d'une récompense, n'a droit qu'à une somme d'argent, on s'explique donc bien qu'il soit d'abord payé en argent comptant ([1]). Ce n'est que si l'argent ne suffit pas à désintéresser l'époux créancier de ses reprises, que celui-ci pourra se payer sur les meubles. Il peut sembler quelque peu étonnant qu'un créancier puisse se faire payer, à défaut d'argent, en mobilier; mais l'époux n'est pas un créancier ordinaire et cette disposition résulte de la double qualité de créancier et de propriétaire que les époux possèdent à l'égard de la communauté.

Enfin, lorsque l'argent et le mobilier ne permettent pas de payer l'époux créancier, mais dans ce cas là seulement, l'époux sera payé en immeubles. Le législateur n'autorise ce mode de paiement que lorsque tout autre moyen est impossible, parce que les immeubles sont considérés comme les biens les plus précieux du patrimoine commun; et si l'époux créancier de reprises se payait d'abord en immeubles, il pourrait priver son conjoint de la part d'immeubles que la liquidation pourra lui attribuer; la loi n'a pas voulu qu'il pût en être ainsi, si ce n'est d'une façon tout à fait exceptionnelle.

La femme, et d'après nous le mari, ont le droit de choisir parmi les immeubles de la communauté pour être payés de leurs reprises, mais de ce que la loi donne aux époux le choix des immeubles, devons-nous conclure qu'elle leur donne également le droit de choisir parmi les meubles de la communauté? Les auteurs qui, interprétant restrictivement les dispositions de l'art. 1471, décident que le droit au choix des immeubles ne s'applique qu'à la femme, sont également

([1]) Laurent, XIII, p. 504.

d'avis qu'il faut user ici encore de l'interprétation restrictive.
L'art. 1471 édicte une règle tout à fait exceptionnelle ; cette
règle ne saurait donc être étendue. De plus, dit-on, pourquoi
donner à la femme le choix des meubles? Si ceux qu'elle
prend en paiement de ses reprises ne lui conviennent pas,
elle les vendra, et comme les meubles ne varient guère de
prix, on trouvera plus facilement des acquéreurs pour les
meubles que pour les immeubles. Cette opinion est rejetée
par la majorité des auteurs, et on est généralement d'avis
qu'il y a ici un argument *a fortiori* pour décider que le choix
pourra être exercé parmi les meubles comme parmi les immeubles.

Adoptant un arrêt de la cour de Lyon du 3 mars 1841 (¹),
certains auteurs ont prétendu que pour que les prélèvements
puissent s'exercer soit sur les meubles, soit sur les immeubles de la communauté, il fallait qu'ils eussent pour cause
soit un bien personnel entré dans la communauté, soit les
récompenses dues par aliénation de propres. Cette manière
de voir ne doit pas être admise à notre avis. Quelle que soit la
cause pour laquelle les époux viennent réclamer leurs reprises, alors même qu'il ne s'agirait que de simples indemnités
à eux dues, ils auront toujours le droit, à défaut d'argent
comptant, de se payer en nature, et alors même qu'il ne s'agirait pas de biens n'existant plus en nature, ils pourront
s'attaquer, pour se payer, soit au mobilier, soit aux immeubles. L'art. 1471, il est vrai, ne vise que les reprises au cas
où les biens, objets de ces reprises n'existent plus en nature,
mais c'est parce que c'est là le cas qui se présente le plus

(¹) S., 41. 2. 347.

souvent, mais il n'en faut pas conclure que les termes limitatifs de l'art. 1471 n'ont en vue que ce cas.

Lorsque les conjoints, usant du droit que leur confère l'article 1471, exercent leurs reprises soit sur le mobilier, soit subsidiairement sur des immeubles de la communauté, le prélèvement ne doit s'exercer que sur des objets dont la valeur est en rapport avec la récompense due à l'époux créancier de reprises. Si l'indemnité due n'est que d'une faible somme, l'époux créancier de cette indemnité ne pourra demander à être payé soit sur des meubles, soit sur des immeubles dont la valeur est de beaucoup supérieure à la somme due. Il serait déraisonnable, en effet, lorsque l'un des conjoints est créancier d'une somme relativement peu importante, de lui permettre de prendre dans la communauté un immeuble d'une très grande valeur, sauf à tenir compte à la masse commune de la différence de valeur qui existe entre la créance et le bien prélevé en paiement de cette créance.

L'ordre indiqué par l'article 1471 pour l'exercice des prélèvements doit en principe être suivi; on doit s'attaquer d'abord au mobilier et, à défaut, aux immeubles de la communauté; cependant les dispositions de l'article 1471 n'étant pas d'ordre public, on admet généralement que les parties majeures et maîtresses de leurs droits, peuvent modifier soit l'ordre fixé pour les prélèvements, soit le mode d'exercice des reprises. Il pourra arriver que les parties ne soient pas d'accord sur l'estimation à donner soit aux meubles, soit aux immeubles qu'ils voudraient prélever; il faudra dans ce cas recourir à une expertise qui sera faite aux frais de la communauté.

Mais lorsque les biens n'existent plus en nature, les époux

peuvent-ils, délaissant les meubles et les immeubles, demander à être payés en argent ? Bien que l'on ait quelquefois considéré les termes de l'article 1471 comme ayant un caractère
absolument impératif, et le mode de prélèvement prescrit par
cet article comme obligatoire pour les époux, cette solution
contraire aux principes de notre ancien droit est aujourd'hui
rejetée par la jurisprudence et la majorité des auteurs.

La cour de cassation, dans plusieurs arrêts ([1]), décide que
le mode de paiement en nature n'est pas obligatoire pour
les époux créanciers de reprises. Quelle que soit la cause des
récompenses dont un des époux est créancier, cette récompense se résout toujours en une somme d'argent. Les biens
de la communauté forment le gage du conjoint créancier qui
peut, s'il le veut, les faire vendre pour obtenir le paiement de
ce qui lui est dû. Mais de ce que l'article 1471 accorde à la
femme (et ce droit peut également être étendu au mari) la
faculté de prendre en paiement des biens de la communauté
pour se payer de ses reprises, il n'en faut pas conclure que
cet article édicte pour le conjoint créancier l'obligation de
prendre des biens en nature.

Loin d'enlever au conjoint créancier les droits qui appartiennent à tout créancier de se faire payer en argent, l'article
1471 y a ajouté une disposition de faveur à laquelle les conjoints peuvent déroger si bon leur semble ([2])

Ainsi que nous venons de le voir, la règle édictée par l'article 1471, aux termes de laquelle les époux peuvent, à défaut
d'argent comptant, s'attaquer pour le paiement de leurs repri-

---

[1] Cass., 2 juin 1862, S., 62. 1. 829. — Cass., 13 déc. 1864, D., 65. 1. 17. —
Cass., 15 juil. 1867, D., 68. 1. 267. — Cass., 6 juil. 1870, D., 71. 1. 116.

[2] Guillouard, II, 951 ; Laurent, XXII, 511 ; Baudry-Lacantinerie, III, 221.

ses au mobilier et subsidiairement aux immeubles de la communauté, est absolument facultative à l'égard du conjoint créancier, qui peut, s'il le préfère, demander à être désintéressé en argent du montant de ce qui lui est dû par la communauté.

Mais la question se pose en sens inverse de savoir si, à l'égard du conjoint de l'époux créancier ou de ses héritiers, l'article 1471 a également un caractère facultatif. On se demande en d'autres termes, si le conjoint de l'époux créancier de reprises ou ses héritiers peuvent s'opposer au prélèvement des biens en nature, en offrant à l'époux créancier de reprises le paiement en argent. On a résolu la question de deux manières différentes.

Dans un premier système, on doit considérer la disposition de l'article 1471 comme facultative, aussi bien pour le conjoint de l'époux créancier de reprises, que pour ce dernier lui-même. L'époux qui exerce ces reprises peut, dit-on, refuser de prendre en nature des biens qui ne lui conviennent pas, et en sens inverse son conjoint peut s'opposer au prélèvement en nature en offrant le paiement en argent. En le décidant ainsi, on reste, dit-on, dans l'esprit de la loi, puisque, d'après l'article 1471, ce n'est que lorsque le paiement en nature est impossible, que l'on peut employer le paiement en argent comme moyen subsidiaire de règlement ; dès lors, dit-on, lorsque l'un des époux demande ou offre le paiement en argent, il fait bien ce que désire le législateur. Bien que ce système ait été soutenu par des auteurs considérables, il nous semble préférable d'admettre l'opinion opposée et de décider que le conjoint de l'époux créancier de reprises pas plus que ses héritiers ne peuvent s'opposer à la reprise en nature en offrant le paiement en argent.

L'article 1471 donne à l'époux créancier d'une récompense le droit absolu de se payer en effets de la communauté ; or ce serait lui donner un droit dérisoire, s'il était permis à son conjoint ou à ses héritiers de mettre ce droit à néant en lui offrant de le payer en argent. C'est à tort que l'on invoque, pour soutenir l'opinion opposée, le caractère facultatif de l'article 1471. Cet article est bien facultatif à l'égard du conjoint créancier, puisqu'il est écrit en sa faveur et qu'il est permis à tout le monde de renoncer à une disposition de faveur pour retomber sous l'empire du droit commun ; mais cet article ne saurait être considéré comme facultatif pour l'autre époux ou ses héritiers (¹).

Les dispositions de faveur que l'art. 1471 édicte au profit de la femme, en lui donnant un droit de priorité sur son mari pour l'exercice de ses reprises, et le droit qui lui appartient à défaut d'argent comptant, de se payer sur les meubles et subsidiairement sur les immeubles de la communauté, ne constituent pas le seul privilège réservé à la femme. Nous allons trouver également dans l'article 1472 un véritable privilège accordé à cette dernière.

Dans les hypothèses examinées jusqu'ici, les époux poursuivant le recouvrement de leurs reprises, trouvaient toujours dans l'actif commun des biens suffisants pour les désintéresser du montant de leurs récompenses. Dans le cas que prévoit l'article 1472, au contraire, les biens communs ne suffisent plus pour payer la femme du montant de ses reprises et cet article établit en sa faveur un véritable privilège. Cet article dit en effet : « Le mari ne peut exercer ses reprises

(¹) Rodière et Pont, II, n. 1074 ; Marcadé, art. 1470, n. 1 ; Laurent, XXII, 512.

que sur les biens de la communauté. La femme et ses héritiers, en cas d'insuffisance de la communauté, exercent leurs
reprises sur les biens personnels du mari ».

La faveur accordée ici à la femme s'explique facilement, la
dette des reprises de la femme est une dette de la communauté ; or le mari est tenu de toutes les dettes de la communauté, il est donc naturel que les biens du mari soient le
gage des créanciers de la communauté ; ici la femme.

De plus, si les biens que la femme aurait le droit de reprendre ont péri, la faute en est au mari seul ; il a administré
comme il l'a voulu le patrimoine de la communauté et celui
de la femme, sans qu'il ait été possible à celle-ci d'exercer le
moindre contrôle, il est donc raisonnable qu'à l'égard de la
femme, le mari soit personnellement responsable de sa mauvaise gestion.

Mais la faveur accordée par l'article 1472 à la femme, en
cas d'insuffisance des biens de la communauté, de s'attaquer
aux biens personnels du mari pour être désintéressée du montant de ses reprises, est soumise par la loi à certaines conditions. Cette faculté n'étant accordée à la femme que lorsque
les biens de la communauté sont insuffisants, on comprendra
qu'il est nécessaire que cette insuffisance des biens communs soit établie, et la charge de cette preuve incombera à
la femme créancière de reprises.

Il n'y aura pas la moindre difficulté, lorsque à la dissolution
de la communauté, on aura dressé un inventaire régulier des
biens communs. On établira ainsi facilement, par la compa-
raison du montant des reprises de la femme avec la valeur
du mobilier commun, si ce dernier est suffisant ou insuffisant
pour permettre à la femme d'être payée de ce qui lui est dû.

On est généralement d'accord également, pour décider que lorsqu'il a été convenu entre la femme et les héritiers de son mari, qu'il ne serait pas dressé d'inventaire des biens communs, et que, du consentement de ces derniers, la femme a conservé le mobilier qu'elle détenait pour se payer de ses reprises, les héritiers du mari doivent, pour la consistance de ce mobilier, accepter les déclarations de la femme qui est considérée, comme ayant conservé ce mobilier jusqu'à concurrence du montant de ses reprises. On admet cependant que les héritiers du mari pourraient établir la consistance du mobilier à l'aide des moyens de preuve du droit commun (¹).

Mais on peut supposer qu'il n'a pas été dressé d'inventaire, et qu'il n'y a pas eu le moindre accord entre la femme et les héritiers du mari, pour établir la consistance du mobilier commun. La femme pourra-t-elle soutenir que le mobilier ne suffisant pas pour la désintéresser, elle a le droit de prélever des immeubles et de s'attaquer subsidiairement aux biens du mari? La question a reçu trois solutions différentes.

Dans une première opinion, l'époux survivant qui n'a pas fait dresser d'inventaire, dans notre hypothèse, la femme, sera présumée avoir trouvé dans la communauté des valeurs suffisantes pour être désintéressée de ses reprises; la femme ne pourra user d'aucun autre moyen de preuve pour établir la consistance du mobilier commun et sera déchue de la faculté que lui accorde l'art. 1472 de s'attaquer, pour le paiement de ses reprises, aux biens personnels du mari (²).

Dans une autre opinion, absolument opposée à la précédente, la femme, qui à la dissolution de la communauté aura

---

(¹) Guillouard, II, 957-961 ; Laurent, XXII, n. 523; Caen, 19 nov. 1870, S., 71. II, 263.

(²) Douai, 8 avril 1864, S., 64. 2. 297.

omis de faire dresser un inventaire des biens communs, pourra user de tout autre moyen de preuve, même de la commune renommée, pour établir l'insuffisance du mobilier commun pour la couvrir du montant de ses reprises (¹). Cependant, un arrêt de la cour de cassation du 4 décembre 1889 (²), a décidé que si le défaut d'inventaire au décès du mari, n'entraîne pas pour la femme déchéance du droit de s'attaquer aux biens personnels du mari, pour être payée de ses reprises, le défaut d'inventaire par la femme, autorise les héritiers du mari à prouver, même par commune renommée, que le mobilier commun aurait été suffisant pour désintéresser la femme, et que, dans ce cas, c'est aux héritiers du mari et non à la femme à prouver la consistance du mobilier commun.

Dans le troisième système, qui paraît le plus raisonnable, le défaut d'inventaire n'entraîne pas pour l'époux qui veut établir la consistance du mobilier commun l'impossibilité d'user d'un autre moyen de preuve ; mais on ne doit pas non plus lui accorder la faculté d'user de n'importe quel autre moyen de preuve, de la commune renommée par exemple. Ces moyens de preuve dérogeant au droit commun, ils ne sauraient être accordés que dans les cas où la loi les autorise expressément ; or, la loi ne les accorde pas au conjoint survivant. Il vaudra donc mieux décider que l'époux qui n'aura pas fait dresser inventaire sera soumis, quant à la preuve, au droit commun ; et ne pourra, lorsqu'il s'agira d'un intérêt supérieur à 150 fr., faire cette preuve qu'à l'aide d'une preuve écrite ou d'un commencement de preuve par écrit (³).

(¹) Caen, 19 janv. 1832, S., 44. 2. 82.

(²) S., 91. 1. 73.

(³) Guillouard, *Contrat de mariage*, II, 962. — Cass., 16 nov. 1859, S., 60. 1 241. — Fuzier-Herman, vᵒ *Commune renommée*, n. 90.

§ II. *Nature du droit aux reprises et aux prélèvements à l'égard des
créanciers de la communauté.*

Nous allons étudier, dans cette section, quelle est la nature
du droit que les époux font valoir lorsqu'ils viennent exercer
les reprises de ce qui leur est dû par la communauté, en
quelle qualité ils exercent leur droit de reprises. Cette
question, qui déjà, dans notre ancien droit, avait suscité les
plus vives controverses, et qui a été des plus discutées sous
l'empire du code civil, doit être étudiée à deux points de vue
différents. La nature du droit de l'époux, exerçant ses reprises,
doit d'abord être envisagée dans les rapports des conjoints
avec les créanciers de la communauté, et ensuite dans les
rapports des époux entr'eux.

Nous étudierons la question d'abord dans les rapports des
époux placés vis-à-vis des créanciers de la communauté et
nous verrons que sous la nouvelle législation, comme sous
l'ancienne, la doctrine et la jurisprudence ont subi de nombreuses variations; cependant, depuis près d'un demi-siècle,
l'accord semble à peu près définitivement établi sur cette
importante question.

C'est surtout à propos des reprises de la femme que la
question a été agitée. On s'est demandé si la femme qui vient
prélever des biens de la communauté pour se payer de ses
reprises agit en qualité de propriétaire ou en qualité de
créancière à l'égard des créanciers de la communauté. La
question est sans intérêt en ce qui concerne le mari; celui-
ci ne pourrait, en effet, exercer ses reprises au préjudice des
créanciers de la communauté, puisque tous les créanciers
de la communauté sont en même temps créanciers du mari.

Tandis que si on considère la femme poursuivant le paiement de ses reprises comme une simple créancière, lorsque
les biens de la communauté seront insuffisants pour permettre
de désintéresser à la fois et la femme et les créanciers communs, la femme viendra en concours avec ces derniers sur
le mobilier de la communauté, et n'aura d'autre droit de
préférence que celui qui résulte de son hypothèque légale
tant sur les immeubles de la communauté que sur ceux du
mari. Si, au contraire, la femme, exerçant son droit de prélèvement, est considérée comme agissant en qualité de propriétaire, elle pourra, comme lorsqu'elle procède au prélèvement
de ses biens personnels, agir par une véritable action en
revendication, et viendra ainsi s'approprier les biens prélevés
en paiement de ses reprises à l'exclusion des créanciers de la
communauté.

Il est d'abord un point hors de doute, et sur lequel tout le
monde est d'accord, pour reconnaître que la femme exerçant
son droit de reprises agit en qualité de propriétaire, c'est
lorsque la femme vient prélever ceux de ses biens qui existent encore en nature, ou le prix de ses biens aliénés qui est
encore dû au moment où prend fin la société conjugale. Mais
nous avons vu qu'ici la femme n'exerce pas à proprement
parler un droit de reprise. Elle n'a jamais cessé d'être propriétaire de ses biens propres, la communauté exerçait seulement sur ses biens un droit d'usufruit qui prend fin lorsque
celle-ci se dissout ; la femme, qui jusque-là n'était que nu-propriétaire, recouvre la pleine et entière propriété de ses biens
personnels.

La controverse n'a d'ailleurs jamais existé sur ce premier
point, c'est seulement pour les reprises autres que celles de

biens propres existant encore en nature, celles par exemple, qui ont pour cause des récompenses ou indemnités dues par la communauté à la femme, que les auteurs ont été divisés et que la jurisprudence est passée par des phases bien distinctes.

Mais même dans l'hypothèse que nous envisageons, c'est-à-dire lorsque la femme se trouve en concours avec les créanciers de la communauté pour le paiement de ses reprises, il est un cas où la loi donne à la femme un véritable droit de préférence opposable non seulement aux créanciers chirographaires, mais même aux créanciers hypothécaires de la communauté.

Nous voulons parler du cas où le mari a hypothéqué des immeubles de la communauté. Le mari peut bien au cours de la communauté, consentir des affectations sur les biens communs, et la femme n'a pas le droit de s'opposer à de telles affectations qui sont permises au mari en sa qualité d'administrateur des biens communs. Mais lorsque à la dissolution de la communauté, la femme viendra se prévaloir de son hypothèque légale, il ne sera pas vrai de dire qu'elle cherche à anéantir les actes d'administration accomplis par son mari, elle ne fait au contraire qu'user du droit de préférence que lui confère la loi à raison de sa dot, de ses reprises et de ses conventions matrimoniales.

En sens inverse, lorsque la femme se trouve en présence des créanciers de la communauté, et vient exercer le prélèvement de ses reprises en concours avec eux sur le mobilier commun, et que sur ce mobilier le mari a conféré à ses créanciers des sûretés, telles qu'un droit de gage, la femme ne pourra exercer ses reprises à l'encontre des créanciers nantis de telles sûretés.

C'est seulement lorsque, sur le mobilier commun, la femme se trouve en concours avec de simples créanciers chirographaires de la communauté, que la question a donné lieu à de très vives controverses.

Pendant les premières années qui suivirent l'application du code civil, la question ne fut pas agitée, les auteurs de cette époque, entr'autres Duranton ([1]), se bornent à copier les articles du code civil.

Ce fut un arrêt de la cour de Caen du 19 janvier 1832 ([2]) qui souleva la question. D'après cet arrêt, ce n'est pas sans intention que les auteurs du code civil se sont servis du mot prélever pour indiquer de quelle façon les époux exercent leurs reprises à l'égard de la communauté ; et c'est à dessein également que les rédacteurs de l'art. 1471 ont assimilé le prélèvement des simples indemnités dues par la communauté aux époux, au prélèvement de leurs biens personnels ; or, il résulte bien des termes de cet article, que c'est à titre de propriétaires et non à titre de créanciers que les époux exercent de tels prélèvements. De même un arrêt de la cour de Paris du 21 février 1846 ([3]) décidait, dans le même sens que la cour de Caen, que les objets qui sont attribués à chacun des copartageants « sont censés leur avoir toujours appartenu ». Cet arrêt établit donc ainsi un véritable droit de propriété en faveur de l'époux créancier de reprises. La cour de cassation, dans un arrêt du 28 mars 1849 ([4]), rejeta le pourvoi formé contre cet arrêt. Aux termes

([1]) *Cours de droit civil*, XIV, p. 473-474.
([2]) S., 41. 2. 82.
([3]) S., 46. 2. 305.
([4]) S., 49. 1. 353.

de cet arrêt : « Les reprises des époux, après la dissolution
» de la communauté et en cas d'acceptation de la commu-
» nauté par la femme ou ses héritiers, ne constituent pas des
» créances proprement dites, dans le sens général attaché à
» cette expression. En effet, le caractère distinctif de toute
» créance, c'est de pouvoir être recouvrée par voie d'action
» ou d'exécution directe et personnelle contre un débiteur et
» sur ses biens. Cette action n'existe pas au profit du mari ou
» de ses héritiers et n'existe qu'à titre de recours subsidiaire
» au profit de la femme ou de ses héritiers, puisque les repri-
» ses du mari ne peuvent s'exercer que sur les biens de la com-
» munauté, et que celles de la femme ne peuvent s'exercer
» sur les biens personnels du mari qu'en cas d'insuffisance
» des biens de la communauté.

» En cas d'acceptation de la communauté par la femme ou
» ses héritiers, les époux ou leurs représentants sont proprié-
» taires par indivis des biens de la communauté. D'après les
» art. 1476 et 883 du code civil, le partage étant déclaratif et
» non attributif de propriété, chacun des époux est réputé
» avoir été propriétaire *ab initio* des immeubles qui lui sont
» échus, soit par suite du prélèvement pour ses reprises, soit
» pour sa part dans l'actif net de la communauté ».

De même que l'arrêt de Caen de 1832 et celui de la cour
de Paris 1841, cet arrêt de la cour de cassation consacre le
principe du droit de propriété des époux exerçant leurs
reprises, mais nous ne rencontrons pas encore les époux aux
prises avec les créanciers de la communauté.

Dans un arrêt de la cour de Grenoble du 19 juillet 1851 (¹),

¹) S., 52. 2. 199.

nous trouvons la femme créancière de reprises, en face des créanciers personnels du mari, et d'après cet arrêt : « En » droit, à la dissolution de la communauté, la femme reprend » sur le fond de cette communauté, en nature ses apports » même fictifs, non pas qu'elle opère cette reprise comme » simple créancière mais comme propriétaire par prélève-» ment spécial, à l'exclusion des créanciers personnels du » mari comme du mari lui-même ». L'arrêt précité s'exprime d'une façon inexacte lorsqu'il dit que la femme exerçant ses reprises agit non comme simple créancière mais comme pro-priétaire. Le terme propriétaire manque un peu d'exactitude, nous verrons qu'à l'égard de son mari la femme agit bien comme copropriétaire ou comme copartageante, mais non comme propriétaire. Quant au principe que consacre l'arrêt, d'après lequel la femme prélève ses reprises à l'exclusion des créanciers personnels de son mari, ce principe est parfaite-ment exact. En effet, les créanciers du mari n'ont d'autres droits que ceux du débiteur au nom duquel ils agissent, et ils sont soumis dans l'exercice de ces droits aux mêmes restric-tions que le débiteur lui-même; or, le mari n'a sa part des biens de la communauté que déduction faite des prélève-ments de la femme, les créanciers du mari devront donc permettre à la femme d'exercer ses reprises avant de pou-voir agir sur les biens communs. Il est donc incontestable, et la question n'a pas été discutée, que la femme, qui, pour l'exercice de ses prélèvements, a un droit de préférence sur son mari, aura le même droit à l'égard des créanciers de ce dernier (¹).

(¹) Laurent, XXII, 525.

La discussion naquit au sujet du droit de la femme vis-à-vis des créanciers de la communauté; la femme, en présence des créanciers communs, faisait-elle valoir un droit de créance ou un droit de propriété? Pouvait-elle se prévaloir d'un droit de préférence à l'égard des créanciers communs?

Ce fut M. Troplong qui, commentant un arrêt de la cour d'Angers du 4 décembre 1830 ([1]), souleva la discussion. Dans l'opinion de Troplong ([2]), la femme exclut tant sur les meubles que sur les immeubles les tiers créanciers de la communauté. A l'appui de la thèse qu'il soutient, cet auteur invoque un ancien arrêt du 14 août 1567, rapporté par Guy Coquille dans son *Commentaire sur la coutume du Nivernais*, t. XXIII, art. 7. D'après cet arrêt solennel prononcé par le président Séguier : « la femme devait prendre ses propres sans charges » des dettes faites par le mari ».

Pour Troplong, la femme, à l'égard des créanciers de la communauté, n'est pas une associée ordinaire de son mari, sa situation est bien moins nette et moins tranchée. Si elle n'était qu'une simple associée de son mari, elle serait obligée par son mari lorsque celui-ci s'est engagé sur ses biens propres et sur les biens communs. Mais en vertu de l'art. 1483, la femme n'est pas nécessairement associée pour les pertes; par le bénéfice d'émolument que lui accorde cet article, la femme qui a fait un bon et loyal inventaire n'est tenue des dettes communes que jusqu'à concurrence de ce qu'elle amende de la communauté. Or, si la femme a usé de la faculté que lui accorde l'art. 1483, les créanciers, qui trouveront la femme payée de ses reprises par le moyen du prélèvement, n'auront

([1]) D., 31. 2. 98.

([2]) *Contrat de mariage*, III, n. 1635 et s.

Le Thieur   8

pas le droit de lui réclamer quoi que ce soit et de lui dire qu'elle a diminué à leur préjudice la masse commune. Ce qui fait la force de la femme vis-à-vis des créanciers de la communauté, ce n'est pas l'art. 1471, mais bien l'art. 1483, qui lui confère le privilège exorbitant de n'être tenue des dettes que jusqu'à concurrence de l'émolument qu'elle retire de la communauté, et non sur ses propres ou ce qui les représente.

Au moment de la dissolution de la communauté, la femme est un créancier saisi de gages ; elle veille sur ses gages, selon l'expression de Lebrun, et les créanciers de la communauté n'auront pas lieu d'être surpris de ce que la femme, créancière de ses reprises, se paie par préférence à eux ; elle use d'une sorte de droit de rétention, et ne fait que reprendre un dépôt qui, durant la communauté, était confié à son mari. De plus, sur les biens propres du mari, la femme, par son hypothèque légale, prime les autres créanciers ; or, d'après l'art. 1472, la femme ne peut s'attaquer aux propres du mari pour le paiement de ses reprises que lorsqu'elle a épuisé les biens communs, et on ne saurait admettre, d'après Troplong, qu'alors que la femme a une hypothèque légale sur les biens propres du mari, elle n'ait aucun droit de préférence sur les biens de la communauté.

La femme a, de plus, une sorte de gage tacite sur les biens de la communauté qui ne sont le gage des créanciers communs que grevés de cette charge.

M. Troplong admet cependant trois exceptions au système qu'il soutient et reconnaît que, dans trois cas, la femme créancière de reprises ne saurait se prévaloir, à l'égard des créanciers communs, de son droit de préférence. Il en est ainsi, d'abord lorsque la femme, ayant accepté la communauté sans faire inventaire, est tenue sur ses propres des dettes de la communauté ; à plus forte raison, ne peut-elle alors exciper d'un droit de préférence sur les biens communs à l'encontre des créanciers de la communauté. En second lieu, la femme ne peut se prévaloir de son hypothèque légale à l'encontre des créanciers de la communauté auxquels le mari a conféré une hypothèque sur les biens communs. En acceptant la communauté, la femme a ratifié les actes de disposition de son mari, elle n'a donc rien à réclamer. Enfin, la femme créancière de reprises ne peut jamais demander à être préférée aux créanciers communs, lorsqu'elle s'est personnellement engagée avec son mari. Les trois hypothèses que nous venons d'examiner n'ont jamais été controversées.

La théorie de M. Troplong fut suivie en partie par différents auteurs. Dans le système soutenu par M. Seligman (¹), la femme devrait être considérée à la fois comme simple créancière de ses reprises, et en même temps comme propriétaire pour moitié de l'actif de la communauté. La femme créancière de reprises exercerait alors son droit, par préférence aux créanciers de la communauté, pour la moitié de ses reprises en vertu de son droit de propriété, et, pour l'autre moitié, pour laquelle elle est simple créancière, elle devrait venir en concours avec les autres créanciers de la communauté.

La thèse exposée par M. Brésillion (²) est également dérivée de la théorie de M. Troplong. D'après cet auteur, point ne serait besoin pour la femme d'invoquer, pour l'exercice de ses reprises, un droit de propriété rétroactif. Au moment de

(¹) *Gazette des Tribunaux*, 26 oct. 1855.
(²) *Rev. crit.*, VIII, p. 411 et s.

la liquidation, la femme acquiert, par un remploi légal et une subrogation virtuelle, une propriété qui succède par rapport à ses équivalents à celle qu'avait la communauté.

Bien que vivement attaquée, la doctrine de M. Troplong fut adoptée par la jurisprudence de la cour de cassation. Un arrêt de la cour de Besançon du 23 mars 1850, confirmant un jugement du tribunal civil de Dôle du 25 juillet 1849, avait décidé que : « La femme, pour le paiement de ses reprises, n'a de pri- » vilège ni sur l'argent comptant, ni sur le mobilier; qu'elle » ne peut venir sur ces valeurs qu'au marc le franc avec les » créanciers, sauf à elle à faire valoir son hypothèque légale » sur les immeubles de son mari, et comme elle le voudra » convenir ».

Cet arrêt de la cour de Besançon fut cassé par un arrêt de la cour suprême du 15 février 1853 : « Attendu, dit cet arrêt, » qu'il résulte des art. 1471, 1472, 1483 et 1495 du code Napo- » léon que c'est à titre de propriétaire que la femme, de même » que le mari et avant ce dernier, a le droit au prélèvement » préalable de ses propres, lors de la dissolution de la commu- » nauté ; et qu'ainsi, l'actif de cette communauté ne se com- » pose que du surplus des biens, prélèvement fait des reprises » ci-dessus ; qu'il suit de là que la femme ne peut être placée » sur la même ligne que les créanciers de la communauté et » qu'elle doit être intégralement remplie des dites reprises, » avant que lesdits créanciers puissent faire valoir leurs droits » sur l'actif de cette communauté ».

La cour de cassation alla même jusqu'à décider dans plusieurs arrêts que la femme, même dans le cas où elle a renoncé à la communauté, exerce ses reprises non comme créancière, mais à titre de propriétaire. Pendant cinq ans il y eut une

véritable lutte entre la cour de cassation et les cours d'appel ;
la cour suprême et certaines cours, se prononçant pour le droit
de propriété de la femme exerçant ses reprises ([1]) ; la majorité des cours d'appel ([2]), au contraire, résistant à cette jurisprudence, et décidant que c'est en qualité de créancière que
la femme vient sur le mobilier de la communauté au marc
le franc en concours avec les créanciers communs, aussi bien
au cas d'acceptation qu'au cas de renonciation.

Cependant, en 1858, un véritable revirement s'opéra dans
la manière de voir de la cour de cassation, qui, condamnant
à la fois sa propre jurisprudence, et celle de son président
M. Troplong, revint à l'ancien système, qui faisait de la
femme créancière des reprises une simple créancière venant .
en concours sur les valeurs mobilières de la communauté
avec les créanciers communs. Ce fut le célèbre arrêt du
16 janvier 1858, connu sous le nom d'arrêt Moinet ([3]), rendu,
toutes chambres réunies, sous la présidence de M. Troplong,
qui vint condamner la jurisprudence admise par la cour
suprême durant les années précédentes.

Un jugement du tribunal civil de Rouen du 23 février 1854
avait renvoyé une dame Moinet à venir à la distribution par
contribution avec les créanciers de la communauté pour
l'exercice de ses reprises. Ce jugement fut confirmé par un
arrêt de la cour de Rouen du 22 juillet 1854, « aux termes
» duquel la femme commune ne peut, lorsqu'elle renonce à

([1]) Cass., 15 fév. 1853, D., 53. 1. 75 ; 11 avril 1854, D., 54. 1. 152 ; 8 mai 1855,
S., 55. 1. 530. — Bordeaux, 27 fév. et 5 mars 1856, S., 56. 2. 241 ; 3 juin 1856, S.,
56. 2. 593.

([2]) Rouen, 24 juil. 1854, D., 54. 2. 212. — Paris, 4 août 1855, D., 55. 2. 273. —
Paris, 23 fév. 1856, S., 56. 2. 139.

([3]) D., 58. 1. 5.

» la communauté, exercer des reprises qu'à titre de créan-
» cière et par voie de contribution avec les autres créanciers
» de la communauté ». La dame Moinet se pourvut en cassation, et un arrêt de la chambre civile du 8 mai 1855, cassant
l'arrêt de la cour de Rouen, renvoya l'affaire devant la cour
de Paris qui, dans un arrêt du 4 août 1855 (¹), se prononça
dans le même sens que la cour de Rouen. Sur un nouveau
pourvoi contre cet arrêt, la cour de cassation, dans une séance
solennelle, toutes chambres réunies, établit la jurisprudence
actuelle sur la matière. Depuis l'arrêt du 16 janvier 1858, la
jurisprudence n'a plus varié, et la manière de voir de la cour
de cassation est *unanimement* adoptée aujourd'hui.

Cet arrêt, connu sous le nom d'arrêt Moinet, fut rendu conformément aux conclusions du procureur général Dupin, qui
combattait le système de M. Dareste soutenant la théorie du
droit de préférence de la femme.

Bien que dans l'affaire portée devant la cour de cassation,
il s'agit seulement de savoir en quelle qualité la femme renonçante exerçait ses reprises, la cour envisagea également et
trancha la question, lorsqu'elle se pose au sujet des reprises
de la femme acceptante.

M. Dareste, dans son plaidoyer, soutient la jurisprudence
consacrée jusque-là par la cour de cassation établissant le
droit de préférence de la femme. Il est évident, dit M. Dareste,
que c'est à titre de propriétaire que la femme reprend ses
biens propres en nature et ceux qui ont été acquis en remploi. Quant aux biens qui ne se trouvent plus en nature, l'époux
qui en demandera le prélèvement n'en pourra prélever que

(¹) D., 55. 2. 273.

le prix, mais ce prix il le prélèvera à titre de propriétaire. Si la femme était une simple créancière de la communauté, elle saisirait les biens et les ferait vendre pour se payer sur le prix ; tandis que la femme, pour se remplir de ses droits, prend des biens en nature, et les choisit dans un ordre tracé par la loi elle-même ; c'est donc un droit de propriété qu'elle exerce. De plus, la femme a le privilège de n'être tenue que jusqu'à concurrence de son émolument, des dettes de la communauté. Le droit de préférence de la femme à l'égard des créanciers de la communauté résulte donc de ces deux principes, savoir : que la femme exerce ses reprises à titre de propriétaire, et qu'après avoir fait inventaire, elle n'est jamais tenue sur ses propres, des dettes de la communauté (¹).

Dans son réquisitoire, le procureur général Dupin soutient au contraire, que la femme créancière exerçant ses reprises sur le mobilier commun agit à l'égard des créanciers de la communauté non pas en qualité de propriétaire ni de créancière privilégiée, mais bien en qualité de créancière *chirographaire*. Il faut distinguer avec soin les prélèvements en nature et les prélèvements qui ne constituent que de simples créances ; et la femme n'a d'autres droits que ceux que lui confère son hypothèque légale, d'être payée par préférence sur les immeubles de la communauté.

La femme a le droit de reprendre en nature et en qualité de propriétaire les immeubles non aliénés, les immeubles dont elle a accepté le remploi, ses meubles propres sur lesquels elle peut établir son droit de propriété, et les titres de créances qui sont restés en son nom. Quant au surplus de

(¹) Plaidoirie de M. Dareste, D., 58. 1. 8.

ses reprises, telles que l'argent touché par le mari et qu'il a dépensé, les choses fongibles qu'il a consommées, les meubles qu'il a transformés, dénaturés, pour cette seconde classe de répétitions, bien que la femme ait le droit d'en réclamer la valeur, et qu'elle ait une action pour en exiger le paiement, elle n'agit ici que comme créancière de la communauté et, subsidiairement, de son mari. Il ne faut donc pas confondre l'action en paiement qu'elle peut exercer, avec les objets qui pourront, par suite de la liquidation, lui être donnés en paiement, car ces objets ne deviendront pas sa propriété *ab initio,* puisque le principe de son action est une créance mobilière, ils ne deviendront sa propriété qu'autant qu'ils lui seront attribués dans l'opération même.

Le procureur général Dupin ne s'appuie pas seulement, pour défendre sa théorie, sur la doctrine et sur la tradition, il invoque encore la raison et l'utilité pratique : « Jamais nos » ancêtres, dit M. Dupin, jamais nos législateurs modernes » n'eurent l'idée déloyale que sous le régime de la commu- » nauté, la femme blottie dans un coin de la maison conju- » gale, y guetterait les créanciers de son mari pour devenir » plus tard la cause de leur ruine, en venant tout à coup, » par un retour offensif que rien n'autorise, et dont rien ne » les avertit dans la loi, prendre avant eux par privilège, et à » leur exclusion, toutes les valeurs mobilières et les conquêts » de la communauté, c'est-à-dire l'actif même dont le mari » se parait vis-à-vis d'eux, pour obtenir leur argent, et qui » composaient au dehors l'armure et l'amorce de son crédit. » Car, sous ce régime, on ne saurait trop le dire, sous ce » régime de liberté pour la femme, la confiance qu'elle a » placée dans son mari devient la source et le germe de celle

» que lui accordent les tiers qui, comme elle et après elle, ont
» suivi la foi de leur débiteur.

» Ils savaient bien assurément que la femme commune a
» une hypothèque légale. Là, ils sont sans excuse s'ils n'ont
» pas pris leurs informations, les précautions de droit, mais
» pour le mobilier, nulle préférence, nul privilège accordé à
» la femme, nul privilège prévu ou indiqué par le législateur.

» Vainement, dit-on, pour rassurer contre les effets de ce
» privilège qu'on revendique pour la femme, que les tiers
» exigeront son engagement. Mais y songe-t-on bien ? Les
» notaires y ont déjà répondu, ce sera la guerre dans le mé-
» nage, si la femme résiste, et souvent la ruine quand elle
» aura la faiblesse de céder, et d'ailleurs, comment exiger à
» chaque instant le concours de la femme pour les affaires
» courantes, les marchés des laboureurs et des marchands,
» conclus en foire, en voyage, et pour des sommes souvent
» peu importantes !

» Si la nouvelle doctrine devait prévaloir, a-t-on dit, il ne
» faudrait plus dire les reprises, mais les surprises de la
» femme ».

Conformément à ces conclusions, la cour suprême décide
que dans le cas du premier alinéa de l'art. 1470 les prélèvements supposent l'exercice d'un véritable droit de propriété,
mais au contraire que c'est à titre de créancier que chaque
époux prélève soit le prix de ses propres aliénés versé dans
la communauté, soit les indemnités qui lui sont dues par la
communauté.

Depuis cet arrêt de 1858, la doctrine et la jurisprudence
sont unanimes à admettre que les conjoints exerçant leurs
reprises agissent en qualité de simples créanciers et notam-

ment que la femme qui accepte la communauté doit, si elle n'est pas en mesure d'invoquer son hypothèque légale, subir le concours des créanciers communs.

Cependant, bien que, au point de vue où nous l'avons examinée, la question n'ait plus été agitée depuis l'arrêt de 1858, une théorie adoptant la manière de voir de la cour de cassation et allant même beaucoup plus loin que cette dernière a été soutenue par un savant auteur (¹). Dans cette théorie, la femme acceptante poursuivant le paiement de ses reprises, ne peut non seulement se prévaloir à l'égard des créanciers communs d'un droit de propriété ou d'un droit de préférence, mais elle ne peut même pas venir en concours avec les créanciers communs. La femme pourra seulement être payée de ses reprises, lorsque les créanciers de la communauté auront eux-mêmes été désintéressés : « Si la femme accepte, d'après » M. Demolombe, elle ne peut pas exercer ses reprises en » concurrence avec les créanciers de la communauté, mais » seulement après qu'ils ont été payés; aux termes des art. » 1470 et 1471, la femme prélève et emporte en nature les » biens meubles et immeubles de la communauté; or, au » contraire, les créanciers ne peuvent être payés qu'en argent » sur le prix des biens vendus, donc il ne se peut pas que la » femme et les créanciers soient payés en même temps. Donc » il faut que la femme soit payée de ses reprises ou avant » eux ou après eux. Et c'est, en effet, après eux seulement » qu'elle nous paraît devoir se présenter. Ainsi que nous » venons de le dire, la femme exerce ses reprises par des » prélèvements en nature, comme le cohéritier exerce les

(¹) Demolombe, IX, n. 365, p. 221, 222.

» siennes sur les droits de la succession (art. 829-830), comme
» le mari lui-même exerce les siennes aussi sur les biens de
» la communauté (art. 1470); or, d'une part, un copartageant
» ne peut exercer ses droits que sur la masse des biens et,
» d'autre part, il n'y a de biens qu'après les dettes payées,
» il n'y a de masse partageable qu'après que les créanciers
» de cette masse ont été satisfaits; donc la femme comme le
» mari ne peut exercer ses prélèvements que sur les biens qui
» restent après les dettes payées » (¹).

Ainsi qu'on le voit, d'après M. Demolombe, la femme qui
exerce le recouvrement de ses reprises ne peut se dire propriétaire, pour exercer ses prélèvements avant les créanciers
de la communauté; elle ne pourra pas davantage user de son
titre de créancière, pour venir en concours avec les créanciers
communs. La femme acceptante, dit-on dans cette théorie,
est une copartageante, d'où il suit qu'elle ne peut exercer ses
reprises qu'après que les créanciers de la communauté auront
été payés de ce qui leur est dû.

Ce sera seulement lorsqu'elle aura renoncé à la communauté que la femme, devenant par sa renonciation complètement étrangère aux biens communs et perdant par là même
sa qualité de copartageante, deviendra créancière de ses
reprises et viendra pour leur paiement en concours avec les
créanciers de la communauté.

C'est à tort que l'on compare dans ces systèmes la situation
de la femme exerçant ses reprises à celle de l'héritier autorisé
à exercer des prélèvements aux termes de l'art. 830 du code
civil. Les prélèvements que la femme veut exercer à la disso-

---

(¹) Demolombe, IX, n. 365 *ter*, p. 221, 222; Levé, *Revue critique*, 1870, p. 257 s.

lution de la communauté sont à titre onéreux et non à titre gratuit, comme ceux de l'héritier. Si la femme demande le paiement de ce qui lui est dû, c'est une créancière ; il n'y a donc aucune raison pour que la femme soit traitée d'une façon différente de celle dont sont traités les autres créanciers ; si on doit lui refuser le droit d'être préférée aux les créanciers de la communauté, aucun texte ne permet de dire qu'elle doive être payée seulement après qu'ils auront été désintéressés ; il faut donc, rejetant la théorie de M. Demolombe, admettre alors qu'elle doit venir en concours avec les créanciers communs ([1]).

§ III. *Nature de l'action en reprises dans les rapports des époux.*

Nous avons vu quelles controverses a soulevées la détermination du droit aux reprises envisagé dans les rapports des conjoints, et notamment de la femme vis-à-vis des créanciers de la communauté. Considérée dans les rapports des époux entr'eux, la nature de l'action en reprises a également suscité de nombreuses discussions que la jurisprudence n'a pas définitivement tranchées, comme l'a fait l'arrêt du 16 janvier 1858, en ce qui concerne les reprises de la femme mise en face des créanciers de la communauté.

Dans notre ancien droit déjà, les auteurs n'étaient pas d'accord sur la nature du droit des époux exerçant leurs reprises l'un vis-à-vis de l'autre. Deux systèmes étaient en présence et l'un et l'autre avaient d'ardents défenseurs.

Pour les uns, les époux exerçant leurs reprises l'un vis-à-vis de l'autre faisaient valoir un véritable droit de propriété,

---

([1]) *Pandectes françaises*, v° *Contrat de mariage*, n. 6199. — Guillouard, II, n. 925.

pour les autres ils avaient seulement un droit de créance.

La femme, dans le très ancien droit français, n'avait guère de reprises à réclamer, tous les meubles tombaient dans la communauté, même ceux qui étaient produits par la transformation en argent d'un immeuble propre à l'un des conjoints. Pour le remploi de ses immeubles propres aliénés, la femme ne pouvait exercer aucune reprise, si ce remploi n'avait été stipulé lors du mariage ou du moins lors de l'aliénation de l'immeuble propre.

Généralement, lorsque une clause de remploi était ainsi stipulée, elle était accompagnée d'une assignation, soit sur les conquêts de la communauté, soit sur les propres du mari ; la femme avait alors un véritable droit de propriété.

Puis, la clause d'assignation fut sous-entendue au profit de la femme sur les conquêts et sur les propres du mari. Le droit de la femme s'étendait alors sur tous les conquêts, et il y avait une subrogation réelle substituant au propre aliéné le conquêt attribué à la femme.

Mais il y eut contre cette théorie un revirement, et la jurisprudence du xviie siècle adopta le système directement opposé. Les reprises ne furent plus considérées que comme un droit de créance. Les reprises sont dès lors une dette de la communauté qui se divise comme les autres. La femme en devient débitrice pour moitié, et comme en même temps elle est créancière, elle fait sur elle-même confusion de sa créance pour moitié, et doit réclamer l'autre moitié à son mari ou aux héritiers de celui-ci. Ce fut ce qu'on appela la méthode du mi-denier, qui fut d'abord la seule connue, et subsista même longtemps après qu'on eut introduit le système contraire, des prélèvements.

Cependant, la théorie des reprises-créances ou du mi-denier entraînait souvent des conséquences injustes. Lorsque le mari, par exemple, laissait plusieurs héritiers dont les uns ne recueillaient que les propres, tandis que les autres succédaient seuls aux meubles et aux acquêts, les premiers, comme les seconds, devaient contribuer au paiement des reprises qui étaient une dette de la communauté. Or, la communauté avait seule profité de l'apport qui servait de fondement aux reprises; il était donc profondément injuste de faire contribuer au paiement des reprises les héritiers des propres qui ne recevaient rien de la communauté, tout comme les héritiers aux meubles et aux acquêts.

En présence des conséquences qu'entraînait cette théorie, on chercha à concilier le droit et l'équité. La théorie qui considérait les reprises comme de simples créances venait de ce qu'à la dissolution de la communauté on considérait la moitié des biens qui la composaient comme se fixant sur la tête de chacun des conjoints ou de leurs héritiers. Il n'y avait donc lieu, sous ce régime, à aucun prélèvement pour cause de reprise, puisque la commuuauté était attribuée *ipso facto* à chaque copartageant, et les prélèvements dus en vertu de l'emploi, ne s'effectuant pas par une subrogation de propre tacite, il fut impossible d'en faire autre chose qu'une créance (¹).

Mais les adversaires de la théorie des reprises-créances firent remarquer que la règle de l'attribution de la moitié de la communauté à chaque conjoint, possible lorsque le remploi légal n'était pas encore admis, n'était plus applicable lorsque

(¹) Esmein, *Rev. crit.*, 1877, p. 90 et s.

le remploi était devenu légal. On ne devait plus dire alors que chacun des copartageants avait une moitié sur les biens de la communauté. Il fallait reconnaître un droit supérieur à celui des époux qui avait mis dans la masse commune une valeur qui ne devait pas y rester. Cet époux devait prélever avant le partage la valeur qu'il avait mise en communauté, ce n'est que lorsque ce prélèvement avait été effectué qu'il pouvait y avoir partage par moitié de la communauté. C'était donc plus qu'un droit de créance qu'exerçait l'époux qui prélevait, c'était, disait-on, un droit de propriété ou même de copropriété. Ce qu'on exprimait en disant que c'était par délibation ou détraction que s'opérait ce prélèvement entre époux.

Durant tout le cours des xviie et xviiie siècles, la nouvelle méthode, considérant les époux exerçant entre eux leurs reprises en qualité de copropriétaires, se développa constamment et trouva d'ardents défenseurs. Elle n'arriva pas cependant à détrôner complètement la théorie des reprises-créances, qui existe encore au temps de Pothier. Cet auteur mentionne en effet, les deux systèmes existant encore de son temps (¹) : la méthode des prélèvements, qui suppose que les reprises se font entre époux à titre de propriétaires, et la méthode du mi-denier, qui implique que les reprises des époux sont de véritables créances.

Depuis la rédaction du code civil, la question donna également lieu à d'ardentes controverses, et les deux systèmes ont leurs défenseurs.

Pour les partisans des reprises-créances, le droit de l'époux

(¹) *Communauté*, 701-702.

auquel il est dû des reprises, est d'obtenir de la communauté
une indemnité à raison de ses propres aliénés ou des autres
causes pour lesquelles la communauté s'est enrichie à son
préjudice. Il s'agit là incontestablement d'un droit de créance,
mais il n'établit aucun lien entre l'époux et les biens de la
communauté sa débitrice. Le législateur a pensé qu'il était
plus conforme l'intérêt des époux de ne pas faire vendre les
biens de la communauté pour payer les époux des reprises
qui leurs sont dues, et de leur donner plutôt la faculté de se
payer, en prenant des meubles ou des immeubles de la communauté. Mais le mode de paiement de ses reprises ne peut en
aucune façon changer la nature du droit des époux (¹). Quant
à l'assimilation que l'on a voulu établir au sujet des prélèvements entre la femme qui prélève ses reprises, et les prélèvements qu'exercent les copartageants dans une succession,
elle n'est, dit-on, pas admissible ; les prélèvements de l'époux
s'exerçant à titre onéreux, tandis que les prélèvements des
cohéritiers sont véritablement une opération du partage
n'ayant d'autre but que de maintenir l'égalité entre les cohéritiers.

Les défenseurs de cette théorie disent encore : le droit de
l'époux qui exerce ses reprises n'est qu'un droit de créance,
mais c'est un droit de créance accompagné d'un droit de
gage particulier sur les biens de la communauté. Et, dit-on,
cette manière de voir cadre bien avec les termes de l'art. 1471,
qui dit non pas que les prélèvements se font en argent comptant, en meubles ou en immeubles, mais sur l'argent comptant,
le mobilier et les immeubles. Cette expression « sur les

(¹) Guillouard, II, 928.

biens » dont se sert l'art. 1471, ne suppose pas, pour l'époux
créancier des reprises, d'autres droits que ceux d'un créancier
à l'égard de son débiteur obligé personnellement et tenu de
remplir ses engagements sur tous ses biens mobiliers et
immobiliers aux termes de l'art. 2092 du code civil [1].

C'est à tort que l'on a invoqué l'art. 2092 à l'appui de ce
raisonnement. Il résulte, en effet, des termes de l'art. 2092,
que tous les biens du débiteur forment le gage général du
créancier; et cet article écarte, en outre, tout droit spécial
dérivant d'un engagement personnel. Or, la situation de
l'époux créancier de reprises vis-à-vis de son conjoint est loin
d'être la même que celle d'un créancier chirographaire vis-à-
vis de son débiteur.

L'art. 2092, en effet, suppose que le créancier a une action
portant sur tout l'ensemble du patrimoine de son débiteur;
action qui grève indifféremment tous les biens de ce dernier
au même titre et de la même manière, qu'il s'agisse de biens,
meubles ou immeubles; tandis qu'aux termes de l'art. 1471,
dit-on, les prélèvements doivent s'exercer dans un ordre
rigoureusement déterminé par la loi, puisque l'époux créancier de reprises ne peut s'attaquer aux biens en nature,
meubles ou immeubles, qu'à défaut d'argent comptant pour
l'indemniser du montant de ses reprises.

Ce raisonnement donnant à tort à l'art. 1471 un caractère
impératif doit être rejeté. C'est ainsi que la cour de cassation, dans un arrêt du 1er juin 1862 [2], se fondant sur le caractère facultatif de l'art. 1471, s'est prononcée dans le sens de
la théorie des reprises-créances. « Attendu, dit cet arrêt, que

[1] Angers, 25 avril 1860, S., 60. 2. 294.
[2] D., 62. 1. 420.

» s'il était possible d'admettre que c'est à titre de proprié-
» taire que la femme exerce ses reprises, il faudrait en con-
» clure que le prélèvement établi par la loi est obligatoire
» pour elle et qu'elle ne peut abdiquer son droit de propriété
» pour ressaisir celui de faire valoir la créance mobilière qui,
» dans l'origine, lui appartenait ». Il est vrai que les termes
de l'art. 1471 ne sont pas impératifs, et nous verrons qu'en
admettant la possibilité, pour la femme, d'abandonner le
mode de prélèvements prescrit par cet article, on peut
démontrer que cette dernière, placée en face de son mari,
exerce ses reprises non à titre de créancière, mais à titre de
copropriétaire ou mieux de copartageante.

Les partisans de cette dernière théorie, qui semble avoir
définitivement triomphé de nos jours, invoquent d'abord la
tradition d'après laquelle, dans le dernier état de notre ancien
droit, les époux exerçant leurs reprises étaient considérés,
l'un à l'égard de l'autre, comme de véritables propriétaires.

On s'efforce de plus de démontrer, ainsi que l'a fait la
cour de Metz dans un arrêt du 10 avril 1862 (¹), que le caractère d'une créance manque à l'action en reprises et cela pour
les trois raisons suivantes :

En premier lieu, dit cet arrêt : « Le mode d'exercice de
» l'action résiste à cette idée, car le caractère distinctif d'une
» créance est qu'elle peut être recouvrée par voie d'action et
» d'exécution directe contre la personne d'un débiteur et sur
» ses biens, tandis que cette dernière n'existe pas au profit
» du mari ou de ses héritiers, et que, si parfois elle existe au
» profit de la femme, ce n'est jamais qu'à titre de recours sub-
» sidiaire ».

(¹) S., 62. 2. 200.

En second lieu, l'objet de l'action en reprise la différencie encore d'une simple action en paiement d'une créance. « At- » tendu, dit le même arrêt, que l'objet de l'action y résiste bien » davantage encore, puisque le caractère d'une simple créance » est de poursuivre par voie d'exécution et au moyen de la » vente le recouvrement d'une somme d'argent, tandis que » l'époux exerce ses reprises non par voie de vente, mais au » moyen du prélèvement en nature d'objets corporels, mobi- » liers ou immobiliers dans un ordre déterminé ».

Enfin, la qualité en laquelle l'époux procède ne répugne pas moins à l'idée d'une simple créance, puisque le pro- pre d'une créance est le recouvrement d'une somme d'argent après vente de la chose d'autrui ; tandis que l'époux prélève en nature, dans une masse indivise entre lui et l'autre époux, des objets sur lesquels il a un droit de copropriété ; d'où il suit que l'époux auquel un objet de la masse est attribué par l'effet du prélèvement, est censé en avoir toujours été proprié- taire.

De plus, dit-on, les rédacteurs du code n'ignoraient pas que dans le dernier état de l'ancien droit les deux systèmes jouis- saient d'une faveur à peu près égale et comptaient l'un et l'autre d'ardents défenseurs.

Or il résulte de la rédaction des art. 1470 et 1471 que les auteurs du code, abandonnant la théorie qui considé- rait que, dans leurs rapports, les époux exerçant leurs repri- ses agissaient en la simple qualité de créanciers, ont, au con- traire, adopté le système qui était le plus en faveur dans le dernier état de l'ancien droit et sont d'avis que c'est à titre de copropriétaires que les époux exercent entr'eux leurs pré- lèvements.

Enfin, le terme prélever, que les rédacteurs du code civil ont employé, implique toujours dans notre code l'attribution à titre de propriété faite à un copartageant. Dans l'hypothèse que prévoit l'art. 830, 1er al. : « Si le rapport n'est pas fait en » nature, les cohéritiers auxquels il est dû, prélèvent une » portion égale sur la masse de la succession ». On ne peut dire ici, que les cohéritiers prélèvent à titre de créanciers, puisqu'ils sont acquéreurs à titre gratuit, ce n'est pas davantage à titre de propriétaires, car ils n'ont sur chacun des objets de la succession qu'un droit indéterminé. C'est donc à titre de copartageant que le cohéritier va prélever. Il y a une analogie évidente entre l'art. 830 et l'art. 1470 et l'époux commun, comme le cohéritier créancier de reprises, prélève à titre de copartageant.

Si l'époux exerçant ses reprises était un simple créancier, il n'aurait droit qu'à une somme d'argent, et on ne s'expliquerait pas qu'il puisse s'attribuer des biens en nature pour se couvrir du montant de ses reprises. Les partisans de la théorie des reprises-créances, ont répondu à cette objection, en disant que le prélèvement en nature n'est autre chose qu'une dation en paiement. Mais il faut, pour la dation en paiement, le consentement des parties, et comment alors concilier la possibilité d'un accord entre les parties au sujet du mode de paiement et le caractère impératif de l'art. 1471, qu'invoquent les partisans de cette théorie à l'appui de leur système?

De nos jours, on est à peu près d'accord, en doctrine et en jurisprudence, pour reconnaître à l'art. 1471 un caractère purement facultatif. Le règlement des reprises par voie de prélèvement n'est, dit-on, pas obligatoire, et l'époux créan-

cier est libre d'exiger le paiement de ses reprises en argent,
» et d'arriver ainsi à faire vendre les biens de la commu-
» nauté » (¹). La cour de cassation s'est également prononcée
dans ce sens dans un arrêt du 13 décembre 1864 (²). Les
arguments basés sur le prétendu caractère impératif des termes de l'art. 1471 sont donc définitivement abandonnés.

On admet aujourd'hui que l'époux qui prélève ses reprises
agit en la double qualité de créancier et de propriétaire. Il
est certainement créancier, car s'il n'était pas créancier des
reprises, il ne pourrait pas invoquer le droit d'exercer des
prélèvements ; mais ce droit de créance n'est pas le seul qui
lui permette d'agir ainsi ; c'est sa qualité de copropriétaire ou
mieux encore de copartageant (³) qui lui donne le moyen de
prélever des biens en nature au lieu de poursuivre la vente des
biens communs pour être payé de ses reprises.

Cette manière de voir est celle qui est adoptée d'ailleurs
par la jurisprudence ; dans un arrêt du 13 août 1883, S., 84.
1. 289, la cour de cassation a décidé que dans leurs rapports
les époux exercent leurs reprises en qualité de copartageants :
« Attendu que lors de la liquidation entre époux ou leurs repré-
» sentants, d'une communauté acceptée par la femme, c'est en
» leur double qualité de créanciers et de copartageants que les
» époux exercent les prélèvements de leurs reprises successives
» dans les termes de l'art. 1470 du code civil sur la masse active
» de la communauté grossie des récompenses et rapports fic-
» tifs ; que les prélèvements constituent alors une des opéra-
» tions du partage avec lequel ils se confondent ; que c'est à
» ce titre, en les considérant comme une partie intégrante du

(¹) Guillouard, *Contrat de mariage*, II, p. 61.
(²) D. P., 65. 1. 70.
(³) Baudry-Lacantinerie, le Courtois et Surville, *Contrat de mariage*, II, p. 402.

» partage de la communauté, que la loi les a placés sous a
» rubrique « Du partage de l'actif »; que c'est par la même
» raison que les biens prélevés par chaque époux sur la masse
» commune pour ses reprises lui adviennent avec le carac-
» tère rétroactif et déclaratif de propriété que la loi attache
» au partage » (¹).

Dans un arrêt plus récent du 8 avril 1891, la cour d'Orléans s'est prononcée dans le même sens, et reconnaît à
l'époux qui exerce ses reprises la qualité de copropriétaire,
de copartageant : « Attendu que la femme qui a accepté la
» communauté et qui en est dès lors copropriétaire, ne peut
» être considérée comme un tiers au regard des héritiers de
» son mari quand elle liquide avec eux ses reprises, puisqu'ils
» sont ses copartageants ».

On le voit, les controverses qui s'étaient élevées au sujet
de la nature de l'action en reprises dans les rapports des
époux, sont définitivement éteintes, et les auteurs sont à peu
près unanimes à adopter la manière de voir de la jurisprudence et à décider avec elle que dans leurs rapports les
époux exercent leurs reprises en qualité de copartageants.

§ IV. *Caractère mobilier ou immobilier du droit aux reprises.*

De même que la question de savoir si le droit aux reprises
était un droit de créance ou un droit de propriété a été l'objet
de vives controverses, de même, le caractère mobilier ou immobilier de ce droit a soulevé de vives discussions. Doit-on considérer ce droit comme étant toujours un droit mobilier, ou
bien doit-on au contraire en faire un droit mobilier ou immo-

(¹) S., 84. 1. 289.
(²) D. P., 94. 2. 402.

bilier suivant qu'il s'exerce sur des meubles ou des immeubles?

Au point de vue pratique, la question présente de l'intérêt. Supposons par exemple que l'époux créancier de reprises meure, après avoir fait un legs de tout son mobilier. Si l'on admet que le droit aux reprises est toujours mobilier, ce droit devra être compris dans le lot du légataire du mobilier, et peu importe alors, qu'à défaut de meubles, les reprises s'exercent par un prélèvement sur les immeubles.

La question se pose encore dans la pratique, lorsque l'époux créancier de reprises contracte une nouvelle union et qu'il adopte le régime de la communauté légale. Si l'on regarde le droit aux reprises comme un droit permanent mobilier, ce droit va tomber dans l'actif de la nouvelle communauté.

Pour ceux qui traitent l'époux exerçant ses reprises comme un simple créancier, le conjoint qui exerce ce droit n'a qu'un droit personnel contre la masse commune ; or, le caractère d'un droit dépend de l'objet auquel il s'applique ; il s'agit ici d'un droit de créance, son objet est le paiement d'une somme d'argent, c'est donc bien un droit mobilier.

Lorsque l'époux créancier de reprises reçoit des immeubles en paiement de ce qui lui est dû, son droit n'est pas modifié, le mode de paiement ne pouvant, en quoi que ce soit, changer la nature du droit.

Envisagé à l'égard des créanciers de la communauté, nous savons que le droit de reprises des époux est un simple droit de créance ; mais dans les rapports des époux entre eux, nous avons admis que les conjoints exerçaient leurs reprises en qualité de copropriétaires ou de copartageants. C'est, d'ailleurs, parce qu'ils ont cette double qualité que la loi leur permet, pour se payer de ce qui leur est dû, d'user d'un mode de paiement qui n'est pas accordé à un créancier ordinaire, le prélèvement de biens en nature. La conséquence de ce système sera que, ne pouvant plus considérer l'époux comme un simple créancier, il ne sera plus vrai de dire que son droit est toujours mobilier, ne lui permettant de réclamer qu'une somme d'argent. Les conjoints exerçant leurs reprises en qualité de copropriétaires ou de copartageants agiront en vertu d'un simple droit réel, et comme le prélèvement est un acte de partage, il sera vrai de dire que l'effet déclaratif et rétroactif du partage devra s'appliquer au prélèvement, et la conséquence sera que le droit aux reprises devra être considéré comme un droit mobilier, si l'époux prélève des meubles ; immobilier, s'il prélève des immeubles.

Bien que ce raisonnement soit assez logique, il est cependant repoussé avec raison par plusieurs auteurs, entre autres par MM. Baudry-Lacantinerie, Le Courtois et Surville (¹). D'après ces auteurs, bien que les époux soient traités avec beaucoup plus de faveur que les créanciers ordinaires, et puissent prendre en nature et par voie d'appropriation des biens meubles ou immeubles, au lieu d'en poursuivre la vente pour être payés sur le prix, il n'en est pas moins vrai que les reprises sont toujours une créance de somme d'argent, et les prélèvements ne sont qu'un mode de paiement qui ne change pas la nature du droit.

Si le droit aux prélèvements changeant de nature devenait mobilier ou immobilier selon que les prélèvements s'effectuent en meubles ou en immeubles, il faudrait attendre le

___

(¹) *Contrat de mariage*, II, p. 419.

règlement des reprises pour déterminer la nature de ce droit, et le déclarer mobilier ou immobilier, selon la nature des objets donnés en paiement.

De plus, s'il en était ainsi, il serait facile, pour l'époux créancier, de modifier la nature de son droit en usant de la faculté que lui accorde l'art. 1471 de prélever des meubles ou des immeubles à son choix. Et si contractant un nouveau mariage, il apportait ses reprises dans la nouvelle communauté, il pourrait à son gré en modifier l'actif, en optant, soit pour des meubles, soit pour des immeubles pour être payé du montant de ses reprises.

On invoque enfin la tradition presque constante des anciens auteurs qui a fait du droit aux reprises un droit mobilier, et il ne paraît pas que les auteurs du code civil se soient écartés de cette tradition.

A notre avis, suivant en cela l'opinion de MM. Baudry-Lacantinerie, Le Courtois et Surville (¹), il faut distinguer dans le droit aux reprises deux droits : un droit principal qui est la créance d'une somme d'argent, et un droit accessoire, le droit aux prélèvements. Vis-à-vis des créanciers de la communauté, le droit de créance existe seul, l'époux est un simple créancier chirographaire qui concourt avec eux au marc le franc; donc le droit de l'époux est, vis-à-vis d'eux, essentiellement mobilier.

Dans les rapports des copropriétaires entr'eux, le droit à une somme d'argent est également le droit principal, et le droit aux prélèvements n'est qu'accessoire, puisque l'époux créancier peut demander à recevoir une somme d'argent au

(¹) *Contrat de mariage*, II, p. 420.

lieu des biens en nature et que de même son conjoint ou les héritiers de celui-ci peuvent paralyser son droit en lui offrant une somme d'argent égale au montant de ses reprises.

On peut comparer le droit aux reprises avec le droit d'hypothèque. Bien qu'étant toujours immobilier, il suit cependant le sort de la créance hypothécaire à laquelle il est attaché. De même le droit aux prélèvements, bien qu'immobilier si le conjoint qui l'exerce reçoit des immeubles en paiement, suit le sort de la créance mobilière à laquelle il est attaché. « Si » le droit aux prélèvements, considéré en lui-même et séparément, peut être qualifié un droit immobilier en tant que » les biens prélevés sont des immeubles, l'action en reprises, » comprenant le droit à une somme d'argent et le droit aux » prélèvements, est toujours mobilière » (¹).

§ V. *Reprises du mari.*

Nous avons étudié jusqu'ici la question des reprises plus particulièrement en ce qui concerne la femme, car ce sont celles qui soulèvent le plus souvent des difficultés. Les règles que le liquidateur devra suivre lorsqu'il s'agira des reprises du mari ne diffèrent pas sensiblement de celles qu'il a dû appliquer pour les reprises de la femme. L'évaluation du montant des reprises se fera, d'après les mêmes principes, dans l'un et l'autre cas ; et qu'il s'agisse du mari ou de la femme, le mode de paiement s'exercera par la voie des prélèvements.

Il y a cependant quelques différences à noter et certaines hypothèses que nous avons envisagées en ce qui concerne les

(¹) Baudry-Lacantinerie, Le Courtois et Surville, *Contrat de mariage*, II, *loc. cit.*

reprises de la femme ne se présenteront jamais lorsqu'il s'agira du mari.

On sait que la femme a la faculté de renoncer à la communauté ; même lorsqu'elle use de ce droit, elle n'en conserve pas moins celui de prélever le montant de ses reprises. La question ne se posera jamais pour le mari, puisque la loi ne lui accorde pas comme à la femme le droit de renoncer à la communauté.

Il n'y aura pas davantage lieu à s'occuper des reprises du mari lorsque la femme a renoncé à la communauté. Par la renonciation de la femme, le patrimoine de la communauté se confond avec le patrimoine du mari qui est dès lors censé en avoir été seul propriétaire. Il devient alors à la fois créancier et débiteur de ses reprises qui s'éteignent par confusion.

Le mari, comme la femme, exerce ses reprises par la voie du prélèvement, mais il doit attendre pour cela que la femme ait été complètement désintéressée. De plus, la femme jouit, en cas d'insuffisance des biens communs pour la payer de ce qui lui est dû, de la faculté de s'attaquer aux biens personnels du mari. Celui-ci ne jouit pas de la même faveur et nous en avons donné la raison ; le mari n'a d'ailleurs pas le droit de se plaindre d'un tel état de choses, car si l'actif commun est insuffisant, on peut dire que c'est une conséquence de sa mauvaise administration. Cependant, le mari peut comme la femme reprendre en nature ses biens propres s'ils existent encore. Mais le mari peut-il, comme la femme, pour se payer de ses reprises, prendre de l'argent comptant et à défaut, du mobilier ou des immeubles ? On a répondu à cette question de façons diverses : les uns ont accordé ce droit au mari, les autres le lui ont dénié.

L'opinion admise dans l'ancienne jurisprudence reconnais-
sait au mari comme à la femme, mais après celle-ci, le droit
de prendre en nature des biens de la communauté pour se
couvrir de ses reprises. C'était aussi la manière de voir de
Pothier (¹) : « La masse dressée et arrêtée, dit il, la femme
» ou ses héritiers doivent prélever dans les meilleurs effets de
» ladite masse, à leur choix, la somme à laquelle, par la
» liquidation, se sont trouvées monter les reprises et autres
» créances de la femme, déduction faite de ce qu'elle devait
» à la communauté. Après ce prélèvement fait par la femme,
» le mari ou ses héritiers prélèvent pareillement à leur choix
» dans les meilleurs effets qui restent de ladite masse la
» somme à laquelle montent les créances du mari, déduction
» faite de ce qu'il devait à la communauté ».

Cette manière de voir fut également adoptée par nombre
d'auteurs modernes (²).

Il y eut cependant certains auteurs qui considérèrent le
droit de se payer en nature comme spécialement réservé à la
femme. Il est vrai que les termes de l'art. 1471 paraissent
devoir faire naître quelques doutes à ce sujet. Cet article ne
parle, en effet, que des prélèvements de la femme, la règle
qu'il édicte semble s'appliquer particulièrement à celle-ci et
interdire au mari la faculté de prendre des biens en nature.

Cette interprétation de l'art. 1471, bien qu'étant la plus
correcte au point de vue grammatical, n'est cependant pas la
plus conforme à la volonté du législateur. L'art. 1471 déter-
mine bien l'ordre dans lequel les prélèvements doivent s'opérer, c'est-à-dire ceux de la femme avant ceux du mari. Il

(¹) *Communauté*, n. 701.
(²) Rodière et Pont, II, 1093 ; Marcadé, art. 1472, II, 636.

indique que les prélèvements portent d'abord sur l'argent comptant, ensuite sur le mobilier et subsidiairement sur les immeubles de la communauté; mais cet article n'établit aucune différence entre le mari et la femme quant à la manière dont les biens seront prélevés, si ce n'est la faveur accordée à la femme, d'exercer ses prélèvements avant son mari. Il faut donc décider, malgré la construction grammaticale de l'article, que la règle du prélèvement en nature est commune au mari et à la femme, car l'exercice de ce droit n'est pas seulement la conséquence d'un simple droit de créance, mais l'application du droit de copropriété qui appartient à chaque époux ([1]).

Mais si on doit reconnaître au mari comme à la femme le droit de prélever des biens en nature pour se payer de ses reprises, doit-on lui reconnaître également comme à celle-ci le droit de choisir parmi les meubles et les immeubles de la communauté ceux qu'il voudra prélever ?

La question semble ici un peu plus douteuse, car la loi paraît bien avoir voulu accorder à la femme une faveur toute spéciale en disant dans l'art. 1471 *in fine :* « Dans ce dernier » cas, le choix des immeubles est accordé à la femme et à ses » héritiers ». Nous déciderons encore ici, comme nous l'avons fait pour la première partie de l'art. 1471, que cette disposition n'est nullement limitative, et qu'ici aussi les rédacteurs du code ont dû s'inspirer des idées acceptées dans l'ancien droit qui accordait le droit de choisir aux deux époux.

Mais s'il y a des ressemblances entre le mari et la femme dans la manière dont ils exercent leur droit de reprise, il y a également des différences. Les dispositions de la loi basées sur

([1]) Caen, 19 janv. 1832, S., 41. 2. 82. — Paris, 18 avril 1859, S., 63. 2. 211.

la nature du droit aux reprises sont communes aux deux conjoints, puisque ce droit est le même chez chacun d'eux. Quant aux dispositions de faveur accordées à la femme (droit de renoncer à la communauté et droit de s'attaquer aux biens du mari en cas d'insuffisance des biens communs), elles sont absolument étrangères au mari.

On s'est demandé si le mari pourrait stipuler dans son contrat de mariage qu'il aurait le droit, les biens communs étant insuffisants pour le couvrir de ses reprises, de s'attaquer aux biens de la femme. Il est évident qu'on ne pourrait prétendre qu'une telle clause ne peut être insérée, parce qu'elle est contraire aux bonnes mœurs ou à l'ordre public. D'après le principe de la liberté des conventions matrimoniales, l'insertion d'une pareille clause serait possible, mais on devrait la déclarer nulle comme contraire à l'essence du régime de la communauté. De plus, une telle clause insérée dans le contrat de mariage au profit du mari, impliquerait renonciation par la femme au bénéfice de l'art. 1472 or la loi ne permet pas à la femme de renoncer par avance aux privilèges établis en sa faveur pour l'exercice de ses reprises, car ces privilèges tiennent à l'essence même du régime de la communauté. Enfin l'insertion d'une telle clause, rendrait illusoire pour la femme la faculté de renoncer que lui accorde l'art. 1492, et toute convention contraire à la faculté de renoncer est nulle.

Telles sont les différences existant pour l'exercice des reprises entre le mari et la femme ; quant aux règles que nous avons étudiées en nous plaçant plus spécialement au point de vue de la femme, nous n'avons pas à y revenir ici, car elles sont également applicables au mari.

§ VI. *Des reprises au point de vue fiscal.*

Droits de mutation.

Après avoir étudié la nature des reprises des époux, nous allons examiner quelles conséquences vont résulter, au point de vue des droits d'enregistrement, de la théorie que nous avons adoptée.

C'est en ce qui concerne les droits de mutation que la question se pose d'abord au point de vue fiscal. Toute transmission de propriété entraîne en faveur de l'Etat la perception d'un droit proportionnel. Il y aura donc lieu de se demander si, lorsque les époux exercent leurs reprises, il y a transmission de propriété, et partant si le droit de mutation doit être perçu.

Pour les reprises du mari, il n'y aura jamais lieu à droit de mutation, car il n'y a pas translation de propriété, le mari n'étant jamais payé de ses reprises qu'en biens communs sur lesquels il a déjà un droit de copropriété, il n'aura donc à payer qu'un droit fixe de partage.

S'il s'agit de la femme, il y aura lieu de distinguer, pour savoir si un droit de mutation sera dû, si elle a accepté la communauté, ou bien si elle y a renoncé. Lorsqu'elle a accepté la communauté et qu'elle a été payée de ses reprises en biens communs, la femme agissant en qualité de copropriétaire, ne fait que prendre des biens qui lui appartiennent par indivis ; il y aura donc même raison de décider comme nous l'avons fait pour le mari. En outre, les prélèvements exercés en nature sur les biens communs constituent un des éléments du partage (¹), et les partages de biens meubles ou

(¹) Rodière et Pont, II, n. 1094.

immeubles entre copropriétaires, à quelque titre que ce soit, ne sont assujettis, par la loi du 22 frimaire an VII, article 68 § 3, n. **2**, qu'à un droit fixe de trois francs élevé à cinq francs par la loi du **22** février 1872, art. 1ᵉʳ. Une première raison de décider ainsi, c'est que la communauté ne constitue pas une personne morale distincte de la personne des époux ; il n'y a donc pas mutation quant aux biens prélevés ; ensuite les prélèvements sont indispensables au partage, le prélèvement est donc une opération du partage avec lequel il se confond et le droit qu'il entraîne est un droit fixe de partage.

Dans sa jurisprudence antérieure à l'arrêt Moinet, la cour de cassation, jugeant que les reprises des époux s'exerçaient à titre de propriétaires, aussi bien dans leurs rapports que vis-à-vis des créanciers de la communauté, décidait que le droit de mutation n'était pas dû par les époux, et cette décision était la logique et la conséquence du système qu'elle avait adopté. Lorsque la cour suprême eut abandonné cette jurisprudence et considéré les époux comme créanciers de leurs reprises, il eût été plus naturel de soumettre tout paiement en immeubles au droit de mutation ; il n'en fut cependant pas ainsi, et la décision contraire fut adoptée dans un arrêt du 3 août 1858 ainsi motivé : « Attendu qu'en cas » d'acceptation, la femme qui exerce ses reprises sur les » biens de la communauté agit en la double qualité de créan- » cière et de commune, qu'elle se paie avec des biens sur » lesquels elle ne peut sans doute réclamer un droit de » préférence vis-à-vis des autres créanciers de la commu- » nauté, mais dont elle n'est pas moins copropriétaire avec » son mari ou ceux qui le représentent ; et que les prélève- » ments qu'elle exerce sont une des opérations du partage

» avec lequel ils se confondent pour la perception des droits
» d'enregistrement (¹).

Cette décision se fonde sur la distinction établie au sujet de
la femme, selon que l'on envisage son droit aux reprises vis-
à-vis des créanciers de la communauté, ou bien vis-à-vis de
son mari. Puisque, dans leurs rapports, les époux exercent
leurs reprises en qualité de copropriétaires, il ne doit pas y
avoir lieu à la perception des droits de mutation lorsque la
femme acceptante est payée de ses reprises en biens de la
communauté.

Mais en serait-il de même, si la femme acceptante en cas
d'insuffisance des biens communs pour la désintéresser du
montant de ses reprises s'attaquait aux biens personnels de
son mari ? Si celui-ci donne à sa femme un immeuble en
paiement, l'opération est la même que s'il consentait la vente
de cet immeuble, moyennant un prix égal à la dette dont il
est tenu à l'égard de cette dernière. Il y aura ici une véritable transmission de propriété qui donnera ouverture au droit
proportionnel de mutation.

Une autre hypothèse peut se présenter en ce qui concerne
la femme qui a accepté la communauté. Il se peut que préfé-
rant être payée en argent plutôt qu'en biens de la communauté, la femme abandonne à son mari les biens communs,
pour que celui-ci lui paie en argent le montant de ses reprises. La cour de cassation a jugé, dans un arrêt du **13** août
1864 (²), que dans ce cas il ne serait dû par la femme aucun
droit de mutation. « Attendu que le prélèvement, soit qu'il
» s'effectue par l'attribution de certaines valeurs de la masse,

(¹) S., 58. 1. 711.
(²) D., 65. 1. 17.

» soit qu'il s'effectue par le paiement d'une somme d'argent,
» n'est dans l'une et l'autre hypothèse qu'un règlement entre
» époux, et une opération de liquidation destinée à dégager la
» consistance de la communauté et n'impliquant transmission
» de propriété ou mutation, ni des héritiers du mari à la
» femme, ni de la femme aux héritiers du mari ». On a
cependant critiqué cette manière de voir, en disant que dans
nombre d'arrêts la cour de cassation a exempté les époux
exerçant leurs reprises du droit de mutation, parce qu'elle les
a considérés comme agissant en qualité de copropriétaires ou
de copartageants, tandis que dans l'arrêt précité elle les considère comme créanciers quand ils demandent le paiement en
deniers. On peut répondre à cette critique en disant : l'époux
créancier de reprises a à la fois un droit de créance et un
droit de copropriété. Mais le droit de copropriété existe sous
la condition résolutoire que l'époux créancier de reprises ne
demande pas la chose qui lui est véritablement due, c'est-à-
dire une somme d'argent. Si donc l'époux créancier demande
à être payé en argent, il ne fait qu'user de son droit, et il n'y
a pas là mutation des biens de communauté entraînant perception d'un droit proportionnel.

Lorsque la femme renonce à la communauté au contraire,
elle devient complètement étrangère aux biens communs qui
restent alors la propriété exclusive du mari; il y aura dès
lors une véritable transmission de propriété lorsque la femme
recevra de tels biens en paiement de ses reprises et les droits
proportionnels de mutation de 2 p. 100 pour les meubles et
de 4 p. 100 sur les immeubles prescrits par la loi du 22 frimaire an VII, article 69 § 5 et 7, seront perçus. Lorsque la cour
de cassation considérait la femme renonçante exerçant ses

reprises en qualité de propriétaire, elle était exemptée du droit de mutation ; il n'en est plus ainsi aujourd'hui et la cour suprême a décidé dans plusieurs arrêts que le droit de mutation serait perçu.

Droit gradué.

Aux termes de l'art. 1er § 5 de la loi du 28 février 1872, le législateur a soumis à un droit fixe gradué : « Les partages » de biens meubles et immeubles entre copropriétaires, cohé- » ritiers et coassociés à quelque titre que ce soit pour le mon- » tant de l'actif net à partager ».

La droit établi par cette loi est fixé de la manière suivante : 5 francs pour les sommes de 5.000 francs et au-dessous et pour les actes ne contenant aucune estimation de sommes et valeurs, ni dipositions susceptibles d'évaluation ; à 10 francs pour les valeurs supérieures à 5.000 francs mais n'excédant pas 20.000 francs, et ensuite à raison de 20 francs par chaque somme ou valeur de 20.000 francs ou fraction de 20.000 francs.

La question s'est posée, depuis la promulgation de la loi de 1872, de savoir si les prélèvements que les époux exercent sur les biens communs pour le recouvrement de leurs reprises, peuvent être assimilés à un partage, et si on doit les soumettre au droit gradué, auquel l'art. 1er, § 5 de la loi du 28 février 1872 assujettit tous les partages de biens, meubles et immeubles.

Dans une première opinion, on répond en se fondant sur ce fait que, d'après l'arrêt du 16 janvier 1858, les époux sont considérés comme exerçant leurs reprises à titre de créanciers. Or, dit-on, ce n'est que lorsque les époux auront exercé leurs prélèvements que l'on aura établi l'actif net partageable, et le partage ne portant que sur cet actif net, les époux ne doivent pas payer le droit gradué pour l'exercice de leurs reprises.

On objecte à cela, qu'il est aujourd'hui reconnu que ce n'est pas seulement à titre de créanciers que les époux exercent leurs reprises sur les biens communs, ils ont de plus un droit de copropriété sur ces biens ; dès lors, dit-on, l'acte par lequel les époux exercent leurs reprises doit être considéré comme une opération de partage, comme étant de la nature même du partage, partant, dira-t-on, les époux seront soumis au droit gradué, aussi bien sur les valeurs qu'ils reprendront pour l'exercice de leurs reprises, que sur celles qui leur adviendront à la suite du partage des biens communs [1].

Cependant, si tous les biens communs étaient attribués à la femme en paiement de ses reprises en deniers, y aurait-il lieu de considérer cette opération comme un partage, et d'exiger la perception du droit gradué ? Un jugement du tribunal de Lyon du 5 décembre 1879 [2], décidait que l'attribution faite à la femme acceptante de la masse des biens communs en paiement de ses reprises ne constitue pas un partage et ne doit pas être soumise au droit gradué. Pour M. Naquet [3], il en devrait être autrement. « Il est reconnu, dit-il, que la femme » commune qui accepte la communauté, prélève ses reprises » à titre de copartageante vis-à-vis de son mari. S'il en est » ainsi, la circonstance que les reprises absorbent la com- » munauté ne change pas le caractère de l'opération. Il y a » toujours partage dans la mesure des prélèvements, puisque

---

[1] Garnier, *Rép. gén. d'enreg.*, 12518. — Trib. de Lille, 4 fév. 1888, D., 89. 5. 224.

[2] D., 80. 5. 165.

[3] Naquet, *Traité des droits d'enreg.*, III, 1108.

» le droit de copropriété de la femme se transforme en un
» droit de pleine propriété. L'administration a cependant
» adopté la doctrine du jugement de Lyon, elle admet aujour-
» d'hui qu'il n'y a point partage quand l'un des époux prend
» tout et l'autre rien ».

On est aujourd'hui d'accord pour reconnaître, ainsi que l'a
fait le tribunal de Lyon dans le jugement précité, que l'attribution des biens communs à la femme pour la couvrir de
ses reprises ne doit pas être considérée comme un partage, et
qu'il ne saurait y avoir lieu en pareil cas à la perception du
droit gradué.

Droits de transcription.

Les droits de mutation ne sont pas les seuls auxquels puissent être tenus les époux à raison de l'exercice de leurs
reprises. Il y a encore une formalité nécessaire pour opérer
la transmission de la propriété vis-à-vis des tiers; c'est la
formalité de la transcription. Nous allons rechercher les cas
dans lesquels elle est imposée aux époux.

Le droit de transcription sera toujours perçu lorsqu'il y
aura mutation, c'est-à-dire transmission de la propriété. Il
pourra arriver aussi que, bien qu'il n'y ait pas mutation, les
époux fassent transcrire l'acte attribuant à l'un d'eux des
immeubles de la communauté en paiement de ses reprises.
Aux termes de l'art. 54 de la loi du 28 avril 1816 : « Dans
» tous les cas où les actes seront de nature à être transcrits
» au bureau des hypothèques, le droit sera augmenté de
» 1,50 p. 100 et la transcription ne donnera plus lieu à aucun
» droit proportionnel de mutation ». Le droit de transcription, avons-nous dit, est obligatoire pour les actes portant
mutation de valeurs immobilières, et nous savons qu'on est

unanime pour reconnaître que, dans deux cas, l'exercice des reprises des époux entraîne une transmission de propriété. Il en est d'abord ainsi lorsque la femme, en cas d'insuffisance des biens de la communauté, pour la désintéresser, reçoit, en paiement de ses reprises, des biens personnels de son mari ; de même, lorsque la femme ayant renoncé à la communauté, est payée de ses reprises sur les biens communs. Dans le premier cas, la femme a toujours été étrangère aux biens qu'elle reçoit, et, dans le second, elle l'est devenue par l'effet de sa renonciation. La mutation est incontestable ; il y aura lieu de faire transcrire l'acte, en application de l'art. 25 de la loi du 21 ventôse de l'an VII, ou bien en vertu de l'art. 1er de la loi du 23 mars 1855, et le droit proportionnel de 1,50 p. 100 sera légitimement perçu.

Si, au contraire, il s'agit d'une femme qui, après avoir accepté la communauté, prélève des biens communs par application de l'art. 1471 du code civil, la femme agissant dans ce cas en qualité de copropriétaire de la masse commune, il n'y a pas de mutation et la transcription ne sera pas nécessaire (¹).

Il pourra cependant arriver que les parties, jugeant utile pour elles l'accomplissement de cette formalité, remettent l'acte au conservateur des hypothèques pour être transcrit. Celui-ci ne peut apprécier l'utilité de cette formalité, et il ne lui appartient pas de décider si l'acte qui lui est soumis est translatif ou déclaratif de propriété, il doit donc opérer la transcription de l'acte, et sera en droit de réclamer le droit de 1 fr. 50 p. 100 (²).

Si, au cours de la communauté le mari, usant de la faculté

(¹) Mourlon, *Transcr.*, p. 47 et Cass., 20 juil. 1866, S., 70. 1. 127.
(²) Cass., 9 avril 1860, S., 60. 1. 548. — Cass., 24 mars 1868, S., 68. 1. 311.

que lui confère l'art. 1595 § 2 cède des immeubles communs à la femme pour la payer de ses reprises, y aura-t-il lieu à la perception d'un droit de transcription ? Il y a ici, en réalité, une dation en paiement, une véritable vente. Le mari fait ainsi sortir un immeuble de la communauté pour en conférer immédiatement la propriété à la femme. Il y a donc là une véritable mutation qui devra être transcrite et qui est passible du droit de transcription.

Quant au droit de mutation, il semble qu'il devrait également être perçu. Cependant, l'Administration de l'enregistrement ne perçoit pas de droit de mutation, parce qu'elle considère que dans l'hypothèse que nous venons d'envisager la femme reçoit ces immeubles en vertu d'un partage anticipé. Il n'y a donc lieu qu'à la perception du droit de transcription de 1 fr. 50 p. 100, lors de l'enregistrement de cet acte (¹).

(¹) Cass., 3 juil. 1850, S., 50. 1. 678.

CHAPITRE IV

DES RAPPORTS

Ainsi que le dit Troplong [1], les dettes personnelles de chaque époux envers la communauté, sont dans la caisse de la communauté des créances et valeurs actives qui de la masse générale passent dans la masse partageable, pour être ensuite divisées par moitié, et l'art. 1468 exige qu'il en soit fait rapport pour le tout. La communauté apparaît ici comme une tierce personne, et l'on efface par une fiction momentanée la qualité de commun et d'associé dans la personne de l'époux débiteur, c'est un moyen de rendre les positions nettes et les comptes faciles.

Il ne faut pas dire que le code civil n'admet pas que chaque époux ait un droit indivis pour moitié dans chaque effet acquis pendant la communauté. Ce qui est vrai, c'est que, pour l'exactitude des calculs, il faut oublier un instant ce droit des époux, il faut voir la communauté comme créancière, il faut considérer les époux comme distincts de la société conjugale et les traiter comme des tiers.

Le rapport à la masse commune peut être réel ou fictif, mais il arrive rarement, dans la pratique, que le rapport se fasse réellement.

[1] *Contrat de mariage*, III, 1611.

En principe et d'après la règle énoncée par l'art. 1468, le rapport doit se faire en argent : la créance de la communauté à l'égard de l'un des époux est comme une créance quelconque, une créance de somme d'argent; mais ainsi que nous venons de le dire, le rapport s'opère le plus souvent fictivement et a lieu, dans ces cas, soit en moins prenant, soit par la voie de la compensation.

Supposons que la communauté ait un actif de 20.000 fr., le mari lui doit 20.000 fr. et la femme 20.000 fr. ; de plus, la femme est créancière de 60.000 fr. Pour liquider la communauté suivant les règles du code, on ajoutera à l'actif commun, qui est 20.000, les deux créances contre le mari et contre la femme, qui sont de 20.000 fr. chacune; cela fera un actif de $20.000 + 20.000 + 20.000 = 60.000$. Ces 60.000 fr. serviront à payer la créance de la femme contre la communauté.

Si on ne considérait pas la communauté comme étant distincte de la personne des conjoints, et si l'on mettait les époux en présence, la dette de 20.000 fr. du mari se compenserait avec celle de la femme, et comme l'actif commun ne se trouve être que de 20.000 fr., le mari devrait ajouter les 40.000 fr., qui manquent pour indemniser la femme. On le voit, il y a eu avantage à employer le rapport en nature de préférence au rapport fictif, et notamment au rapport par compensation; celui-ci peut bien n'avoir pas de dangers en certains cas, mais il peut dans d'autres présenter de très graves inconvénients.

Il semble que lorsque chaque époux est débiteur, le rapport soit dépourvu d'utilité, et il paraît plus naturel d'admettre une libération réciproque. Mais le mari a un très grand intérêt à ce que l'on procède plutôt par la voie du rapport,

car, ainsi que nous le verrons plus tard, les prélèvements de
la femme s'exercent en cas d'insuffisance du fonds commun
sur les biens du mari. On comprend, dès lors, que plus la
masse commune est considérable, plus le mari a de chances
de conserver ses biens personnels; or, cette masse s'accroît
par le moyen du rapport des sommes dues par le mari et
par la femme, le rapport en nature est donc plus profitable
au mari que le rapport fictif, par exemple le rapport par
compensation.

Dans les cas de rapport réel, il peut n'être pas indifférent
que ce rapport soit fait à la masse mobilière ou à la masse
immobilière. Par exemple, les deux conjoints se sont fait
mutuellement donation de toute la fortune mobilière que le
prémourant laissera à son décès; si le rapport est fait à la
masse mobilière, il profitera exclusivement au bénéficiaire
de la donation mobilière, il faudra donc toujours tenir compte
de la créance, qui devra être déterminée par la nature de la
chose due à la communauté (¹).

Quoi qu'il en soit, et lorsque cela ne doit présenter aucun
inconvénient, le rapport à la masse commune s'effectue fictivement. Le rapport peut d'abord s'effectuer en moins prenant.
Supposons que les biens communs valent 90.000 fr. et que le
mari doive 10.000 fr., cela fait un actif de 100.000 fr. Pour
simplifier les opérations, on donnera 50.000 fr. à la femme
et au mari 40.000 fr., plus la créance de 10.000 fr. dont il
était tenu à l'égard de la communauté.

Pothier (¹) nous indique plusieurs manières dont le rapport
fictif peut être effectué : « La première est en ajoutant à la

---

(¹) Rodière et Pont, II, n. 1068.
(¹) *Communauté*, p. 705.

» masse des biens de la communauté la créance que la com-
» munauté a contre la partie débitrice et en le lui précomp-
» tant sur sa part dans ladite masse.

» Par exemple, si outre une créance de 10.000 livres que la
» communauté a contre l'une des parties, les biens de ladite
» communauté montent à 90.000 livres, la masse montera à
» 100.000 livres, c'est pour la moitié de chacune des parties
» 50.000 livres; en précomptant à la partie débitrice sur la
» part qu'elle doit avoir dans cette masse la créance de
» 10.000 livres que la communauté a contre elle, et en lui
» délivrant pour 40.000 livres des autres effets de ladite
» masse, elle sera remplie de ses 50.000 livres ».

Pour que le rapport à la masse commune puisse être opéré
fictivement, il faut qu'il n'en résulte aucun préjudice, il faut
que le résultat produit en opérant le rapport fictivement, soit
le même que s'il avait été opéré en nature. On ne pourrait
user du rapport fictif par exemple, si la part de communauté
revenant à l'époux débiteur d'une récompense était inférieure
à la somme qu'il doit rapporter. Si on suppose qu'à la dissolution de la communauté la somme des biens existants s'élève
à 10.000 fr. et que l'un des époux doive rapporter 20.000 fr.
cela fait 30.000 fr. d'actif sur lequel l'époux non débiteur a
droit à 15.000 fr.; si le rapport ne s'opérait pas en nature,
l'actif se réduirait à 10.000 fr., l'époux non débiteur perdrait
alors 5.000 fr.

La femme et les héritiers de cette dernière pourront également exiger que le rapport ait lieu en nature, car ils ont le
droit d'exercer leurs reprises sur l'argent comptant, le mobilier et les immeubles de la communauté; les récompenses
dont le mari doit le rapport constituent des valeurs de commu-

nauté; la femme a le droit d'exiger leur rapport en nature (¹).

Le rapport doit encore se faire en nature lorsque les tiers créanciers y auront intérêt. La femme, aux termes de l'art. 1483, n'étant tenue des dettes de la communauté que jusqu'à concurrence de ce qu'elle retire de la communauté, plus la part de la femme sera importante, plus les créanciers auront des chances d'être payés. Si la masse existante est de 20.000 fr. et que chacun des époux doive 10.000 fr. par exemple, la masse partageable sera de 40.000 fr. Si le rapport se fait fictivement, si les deux dettes des époux se compensent, ils ne recueilleront chacun que 10.000 fr. et la femme ne pourra être poursuivie que jusqu'à concurrence de 10.000 fr. au lieu de 20.000 fr. ainsi que cela se serait passé si le rapport avait eu lieu en nature (²).

Pothier nous indique la seconde manière dont le rapport s'effectue : il s'agit ici du rapport en moins prenant :

« La seconde manière est que sans ajouter à la masse de la
» communauté la créance de cette somme de 10.000 livres,
» qu'elle a contre moi, je laisse l'autre partie prélever avant
» partage, sur les 90.000 livres dont la masse est composée,
» une somme de 10.000 livres, pareille somme à celle dont
» je suis débiteur envers la communauté et que nous nous
» partagions ensuite les 80.000 restant ».

Mais lorsque le rapport se fait en moins prenant, le conjoint de l'époux débiteur ne peut exercer le droit de choix que l'art. 1471 accorde pour le prélèvement, ce droit n'est accordé aux époux que pour les créances qu'ils ont contre la

---

(¹) Cass., 16 avril 1862, D., 62. 2. 275 ; Laurent, XXII, n. 494.

(²) Amiens, 16 avril 1861, D., 61. 2. 102 ; Rodière et Pont, II, n. 1071 ; Colmet de Santerre, VI, n. 127 *bis*-V. — Nancy, 19 juin 1893, D., 94. 2. 572.

communauté, et non pour le règlement des dettes de l'autre conjoint (¹).

Le rapport fictif peut enfin s'opérer d'une troisième manière connue sous la dénomination de mi-denier. Ce procédé, qui était déjà connu dans la pratique ancienne et qui est encore employé de nos jours, s'écarte des termes de la loi qui veut que les rapports des récompenses dues par les époux à la communauté aient lieu avant le partage de cette dernière. Or, dans le procédé en question, le rapport de l'époux débiteur à la masse commune a lieu après le partage, mais le résultat obtenu étant le même que s'il précédait le partage, ce procédé est assez fréquemment usité dans la pratique. D'après ce système, la communauté se partage comme si aucun des époux ne lui devait rien, sauf à l'époux débiteur à faire confusion pour la moitié qu'il a dans la communauté, de la moitié de sa propre dette, et à en payer la moitié à son conjoint.

Supposons que la masse à partager soit de 90.000 fr., déduction faite d'une créance de 10.000 fr., contre l'un des conjoints; le partage se faisant par moitié, chacun des conjoints prend pour sa part 45.000 fr. Puis, le conjoint débiteur des 10.000 fr. faisant confusion en lui-même jusqu'à concurrence de la moitié de sa dette, soit 5.000 fr., donne à son conjoint 5.000 fr., ce qui fait que ce dernier touche la somme de 50.000 fr. composée de 45.000 fr., plus la moitié de la dette de son conjoint 5.000 fr., et le conjoint débiteur touche également 50.000 fr., soit 40.000 fr., plus sa dette payée (²).

Il peut se faire, il arrive même souvent que chaque époux

(¹) Guillouard, II, 1017.
(²) Rodière et Pont, II, 1069.

se trouve être débiteur de la communauté, les dettes de chaque époux envers la communauté vont-elles pouvoir se com-
penser entre elles ? Il est d'abord évident qu'il ne saurait être
ici question de la compensation légale, les époux n'étant pas
ici réciproquement débiteurs et créanciers l'un de l'autre, condition requise pour l'exercice de la compensation légale. Vainement objectera-t-on que la communauté et les époux ne
font qu'un ; bien que ne formant pas une personne morale,
la communauté se distingue cependant des époux, la compensation légale est donc impossible ici.

Toutefois bien que la compensation légale ne puisse être
employée, on peut user du moyen de la compensation, et ce
moyen est même le plus sûr pour faciliter la liquidation, à condition qu'il n'en résulte aucun préjudice pour les conjoints
ou les tiers.

Si on considère que la communauté est une personne
morale distincte de la personne des conjoints, il ne saura être
question de compensation entre ces derniers, pour les récompenses qu'ils doivent chacun à la communauté. Car il faut,
pour que la compensation s'opère, que la double qualité de
créancier d'une des dettes et de débiteur de l'autre réside
sur la même tête ; or, la communauté est bien créancière de
chacun des époux, mais elle n'est pas leur débitrice ; la compensation est donc impossible.

En sera-t-il autrement, et la compensation pourra-t-elle
avoir lieu, si on décide, ainsi que le font avec raison la
plupart des auteurs, que la communauté ne forme pas une
personne morale distincte des époux ? On l'a soutenu, mais à
tort, car il faudrait, pour cela, regarder chaque époux comme
créancier de son conjoint pour la totalité des récompenses

dues par ce dernier. Or, cette manière de voir est contraire aux règles du code, qui distingue, d'une part, les récompenses dues à la communauté ou par la communauté, et, d'autre part, les créances de l'un des époux contre l'autre.

Mais, si la compensation ne peut s'opérer de plein droit, elle peut du moins être établie par la convention des parties dans l'acte de liquidation. Or, comme les parties sont libres de régler leurs droits comme elles l'entendent, elles peuvent, lors de la dissolution, employer tel moyen qu'il leur plaira, et notamment la compensation pour le règlement de leurs intérêts respectifs [1].

Mais ainsi que nous l'avons indiqué plus haut, si le rapport peut se faire par compensation lorsque chacun des époux est débiteur de la communauté, ce mode de règlement doit être rejeté lorsqu'il sera de nature à nuire soit aux conjoints soit aux tiers, par exemple aux créanciers. La compensation entre les époux ne pourrait s'opérer, par exemple, au préjudice d'une saisie-arrêt dont les créanciers du mari auraient frappé les récompenses dues par la femme à la communauté, pour amélioration de ses propres. Les créanciers de la communauté pourront exiger, eux aussi, que les époux, au lieu de faire le rapport par la voie de la compensation, fassent plutôt le rapport en nature, le rapport par voie de compensation n'augmentant pas l'actif commun. Et les créanciers de la communauté sont d'autant plus intéressés à ce que l'on use de ce système, que la femme est tenue des dettes communes jusqu'à concurrence de ce qu'elle retire des biens communs ; donc, plus grande sera la part de la femme dans les biens

---

[1] D. P., 90. 2. 137, note de M. de Loynes.

communs, plus grande sera l'obligation de la femme (¹).

Enfin, le principe de la compensation des récompenses devra encore être écarté, lorsqu'il sera de nature à préjudicier aux droits du mari, et aussi lorsque de ce mode de rapport pourrait résulter un préjudice quelconque pour les enfants ou les tiers.

Nous avons ainsi achevé l'étude des différentes opérations que doit effectuer le liquidateur pour dégager l'actif partageable. Lorsque le liquidateur aura terminé cette série d'opérations, il aura établi l'actif net qui devra être partagé entre les époux ou leurs représentants ; il n'y aura plus dès lors qu'à procéder au partage.

(¹) Troplong, III, n. 1614 ; Aubry et Rau, V, § 511 *bis,* texte et note 14, p. 370; Arntz, III, n. 749 ; Colmet de Santerre, IV, n. 127 *bis,* IV. — Agen, 11 juill. 1862, D., 62. 2. 164. — Caen, 9 juill. 1890, D., 90. 2. 137.

Vu : *Le Président de la thèse,*
P. DE LOYNES.

Vu : *Pour le Doyen,*
L'Assesseur
LÉO SAIGNAT.

Vu et permis d'imprimer :
Bordeaux, le 2 juin 1900.
Pour le Recteur,
Le Vice-Président du Conseil de l'Université,
B. DE NABIAS.

Les visas exigés par les règlements ne sont donnés qu'au point de vue de l'ordre public et des bonnes mœurs (Délibération de la Faculté du 12 août 1879).

BIBLIOGRAPHIE

ARNTZ. — Cours de droit civil français. Bruxelles-Paris, 1870.

AUBRY et RAU. — Cours de droit civil français. Paris, 1869-1879.

BATTUR. — Traité de la communauté des biens entre époux. Paris, 1830.

BAUDRY-LACANTINERIE. — Précis de droit civil, 1896.

BAUDRY-LACANTINERIE, LE COURTOIS et SURVILLE. — Du contrat de mariage. Paris, 1897.

BELLOT DES MINIÈRES. — Régime dotal et communauté d'acquêts. Bruxelles, 1853.

DEMANTE. — Cours analytique de droit civil continué depuis l'art. 980 par Colmet de Santerre. Paris, 1849-1884.

DALLOZ. — Jurisprudence générale.

    »   Répertoire alphabétique et supplément au répertoire.

DELVINCOURT. — Cours de code civil. Paris, 1819.

DEMOLOMBE. — Cours de code Napoléon. Paris, 1869-1882.

DURANTON. — Cours de droit français suivant le code civil. Paris, 1834.

FUZIER-HERMAN. — Répertoire du droit français.

GARNIER. — Répertoire général d'enregistrement. Paris, 1892.

Gazette des Tribunaux.

GUILLOUARD. — Traité du contrat de mariage. Paris, 1885-1888.

HERBAULT revu par DE FOLLEVILLE. — Assurances sur la vie. Paris, 1877.

Journal des Arrêts de Bordeaux.

LAURENT. — Principes de droit civil français. Bruxelles, 1876.

LEBRUN. — Traité de la communauté entre mari et femme. Paris, 1760.

MARCADÉ. — Explication théorique et pratique du code Napoléon. Paris, 1866, 1869.

MOURLON. — Répétitions écrites sur le code civil. Paris, 1869.

    »   Traité de la transcription. Paris, 1862.

NAQUET. — Traité théorique et pratique des droits d'enregistrement. Paris, 1882.

ODIER. — Traité du contrat de mariage ou régime des biens entre époux. Paris, 1847.

Pandectes françaises. Nouveau répertoire de législation, de doctrine et de juris-prudence.

POTHIER. — Traité de la communauté. Paris, 1831.

RENUSSON. — Traité de la communauté. Traité des propres réels. Paris, 1760.

Revue critique de législation et de jurisprudence.

Revue pratique de droit français.

RODIÈRE et PONT. — Traité du contrat de mariage et des droits respectifs des époux. Paris, 1868-1869.

SIREY. — Recueil général des lois et des arrêts.

TOULLIER. — Le droit civil français suivant l'ordre du code. Paris, 1818.

TROPLONG. — Du contrat de mariage et des droits respectifs des époux. Paris, 1851.

VIGIÉ. — Cours de droit civil français. Paris, 1890.

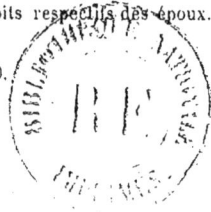

TABLE DES MATIÈRES

23.923. — Bordeaux, Y. Cadoret, impr., rue Poquelin-Molière, 17.

www.ingramcontent.com/pod-product-compliance
Lightning Source LLC
Chambersburg PA
CBHW072343200326
41519CB00015B/3641